AF272219

Λίγα λόγια για τη συγγραφέα

Η Σωτηρία Δημοπούλου, με σπουδές στην Ιστορία και Αρχαιολογία και κάτοχος διδακτορικού τίτλου στην Κλασική Αρχαιολογία του Πανεπιστημίου Μύνστερ, έχει πολυετή διδακτική εμπειρία στη διδασκαλία της Αρχαίας και Νεοελληνικής Γλώσσας αλλά και Λατινικών τόσο σε τελειόφοιτους ελληνικών σχολείων στην Ελλάδα και στη Γερμανία, όσο και σε μαθήτριες και μαθητές τμημάτων της ελληνικής ως γλώσσας καταγωγής. Τα τελευταία δεκαπέντε χρόνια εργάζεται ως εκπαιδευτικός σε τμήματα της ελληνικής ως γλώσσας καταγωγής σε σχολεία της Βόρειας Ρηνανίας Βεστφαλίας. Έχει συμμετάσχει σε αρχαιολογικά συνέδρια και έχει δημοσιεύσει πολλά επιστημονικά άρθρα.

Zur Autorin

Sotiria Dimopoulou studierte Geschichte und Archäologie in Griechenland und promovierte in Klassischer Archäologie an der Universität Münster. Sie verfügt über langjährige Lehrerfahrung im Alt- Neugriechisch Unterricht und Latein sowohl für Oberstufenschüler*innen der griechischen Schulen in Griechenland und Deutschland als auch für Schüler*innen mit Griechisch als Herkunftssprache. Seit fünfzehn Jahren ist sie als Lehrerin im Bereich Herkunftssprache in Nordrhein-Westfalen tätig. Sie hat an archäologischen Konferenzen teilgenommen und mehrere wissenschaftliche Artikel veröffentlicht.

Sotiria Dimopoulou

Griechisch als Herkunftssprache

für die 5. und 6. Klasse

Themen und Übungen

Πρόλογος

Το εγχειρίδιο αυτό αποτελεί μία προσπάθεια συγγραφής θεμάτων κατάλληλα επεξεργασμένων για την εκμάθηση της ελληνικής ως γλώσσας καταγωγής. Απευθύνεται στη/στο μαθήτρια/μαθητή της 5ης αλλά και 6ης τάξης του γερμανικού σχολείου που παρακολουθεί τακτικά τα μαθήματα της ελληνικής και προσαρμόζεται στο ανάλογο μαθησιακό επίπεδο.

Συμβαδίζει με το πρόγραμμα σπουδών και τις κατευθυντήριες θεματικές του Υπουργείου Παιδείας της Ρηνανίας – Βεστφαλίας για την 5η και 6η τάξη. Το βιβλίο χωρίζεται σε δύο μέρη. Το πρώτο μέρος περιλαμβάνει θέματα που σχετίζονται με την καθημερινή ζωή, τον ελεύθερο χρόνο, τις εποχές, το οικογενειακό περιβάλλον και άλλα παρόμοια. Στο δεύτερο μέρος γίνεται μια προσπάθεια να έρθουν οι μαθήτριες και οι μαθητές σε επαφή με τη γεωγραφία, τη μυθολογία και ιστορία του τόπου μας.

Το εγχειρίδιο αυτό στοχεύει να βοηθήσει την/τον εκπαιδευτικό αλλά και τους διδασκόμενους στο έργο τους. Τις ευχαριστίες μου οφείλω και πάλι στο σύζυγό μου Ηλία Γεωργιάδη για την επεξεργασία του εξωφύλλου και των εικόνων, καθώς και στην εξαίρετη συνάδελφο Αγγελική Σαββάκη για τη συμβολή της στην επιλογή των γραμματικών φαινομένων. Εύχομαι σε όλες και όλους καλή σχολική χρονιά και καλή μελέτη.

Η συγγραφέας
Σωτηρία Δημοπούλου

Περιεχόμενα

ΜΕΡΟΣ ΠΡΩΤΟ
ΓΛΩΣΣΑ

Ενότητα 1: Εγώ και ο κόσμος μου   9
Γραμματική   15

Ενότητα 2: Ο χρόνος, οι εποχές, οι μήνες, οι ώρες   19
Γραμματική   27

Ενότητα 3: Η ντουλάπα μου   29
Γραμματική   35

Ενότητα 4: Τα χόμπι μου και ο ελεύθερος χρόνος μου   37
Γραμματική   43

Ενότητα 5: Καταστήματα και λαϊκή αγορά   47
Γραμματική   56

Ενότητα 6: Γνωριμία με τον κόσμο των βιβλίων
και των συγγραφέων   57
Γραμματική   64

Ενότητα 7: Η αγάπη για τη φύση και τα ζώα   67
Γραμματική   74

Ενότητα 8: Με τα φτερά της φαντασίας μου   77
Συντακτικό   86
Διδακτική ενότητα για τα Χριστούγεννα   91

ΜΕΡΟΣ ΔΕΥΤΕΡΟ

ΓΕΩΓΡΑΦΙΑ ΤΗΣ ΕΛΛΑΔΑΣ   93

Γεωγραφικά διαμερίσματα   94
Μεγαλουπόλεις   96
Νησιά   96
Το κλίμα της Ελλάδας. Τι παράγει η Ελλάδα;   97

ΙΣΤΟΡΙΑ ΚΑΙ ΗΡΩΕΣ   99

Α) Ο Μέγας Αλέξανδρος και η εκστρατεία του   99

Β) Η Ελληνική Επανάσταση του 1821   102

Γ) Η 28η Οκτωβρίου 1940. Η Επέτειος του Όχι   106

ΜΥΘΟΛΟΓΙΑ - ΙΣΤΟΡΙΑ   108

Α) Οδύσσεια   108

Β) Ο Προμηθέας και η κλοπή της φωτιάς   117

Γ) Αχιλλέας και Πάτροκλος   119

Η ΛΑΪΚΗ ΜΑΣ ΠΑΡΑΔΟΣΗ   121

Καραγκιόζης   121

Βιβλιογραφία   135

ΜΕΡΟΣ ΠΡΩΤΟ

ΓΛΩΣΣΑ

Ενότητα 1: Εγώ και ο κόσμος μου

Περιγράφω τον εαυτό μου και τους γύρω μου

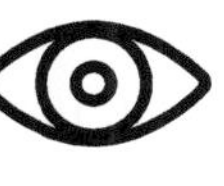

1. Ζωγραφίστε τις παραπάνω εικόνες και περιγράψτε τον εαυτό σας χρησιμοποιώντας τα παρακάτω:

α) Πρόσωπο: στρογγυλό, οβάλ, τετράγωνο

β) Μαλλιά: κοντά, μακριά, σγουρά, ίσια, σπαστά

γ) Χρώμα μαλλιών: καστανά, μαύρα, ξανθά, κόκκινα

δ) Μάτια: καστανά, πράσινα, γαλάζια, μαύρα

ε) Μύτη: μεγάλη, μικρή, κανονική

στ) Χείλη: μεγάλα, μικρά, κανονικά

2. Περιγραφή

(www.pixabay.com)

Ονομάζομαι…………………………………………………………………………..

Πηγαίνω στην………………………………………του…………………………σχολείου

Μένω στην/στο……………………………………………………………………...

Την μητέρα μου τη λένε……………….. και τον πατέρα μου…………………….

Έχω/Δεν έχω……………. αδέρφια και ονομάζονται…………………………

Άσκηση

Συμπληρώστε τα παραπάνω στοιχεία, μετά ενώστε τα και γράψτε τα σαν ένα κείμενο. Κάντε όσες αλλαγές θέλετε (π.χ. έχω έναν αδερφό ή μία αδερφή και ονομάζεται..).

Εργασία: Συμπληρώστε τον παρακάτω πίνακα χρησιμοποιώντας τις κατάλληλες λέξεις.

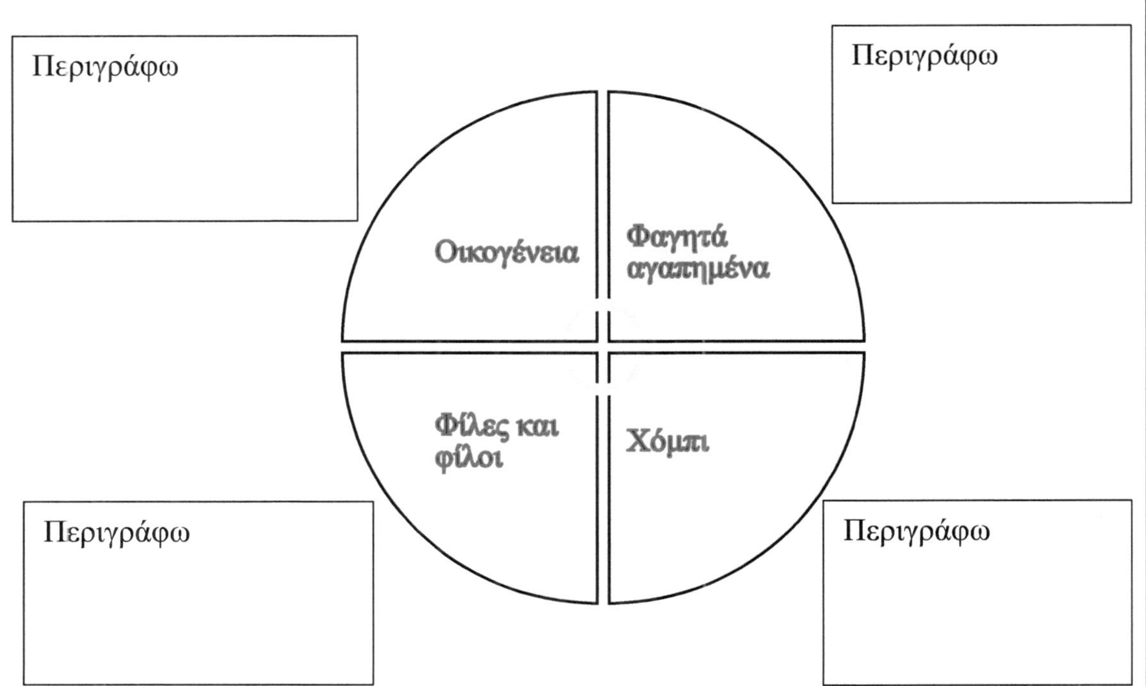

Διάλογος

Η Μαρίνα και η Χαρούλα συζητούν για την καινούρια μαθήτρια που ήρθε στην τάξη τους και μπήκε στην παρέα τους. Ας παρακολουθήσουμε το διάλογο.

Μαρίνα: Πόσο συμπάθησα την Έρικα δε φαντάζεσαι Χαρούλα μου!

Χαρούλα: Και ποιος δεν τη συμπάθησε. Μα είναι αξιολάτρευτη!

Μαρίνα: Και πολύ όμορφη! Μακριά κυματιστά ξανθά μαλλιά και μεγάλα πράσινα μάτια.

Χαρούλα: Ξέχασες να πεις και ότι είναι ψηλή και λεπτή.

Μαρίνα: Σωστά. Αλλά ο χαρακτήρας της είναι αυτός που με εντυπωσίασε περισσότερο. Καλόψυχη, ευγενική και χαμογελαστή πάντα.

Χαρούλα: Επίσης είναι με όλους καταδεκτική και αστεία. Μας κάνει πολλές φορές να γελάμε.

Μαρίνα: Αναρωτιέμαι αν έχει την ίδια εντύπωση και για μας τις δυο…

Χαρούλα: Για να είναι στην παρέα μας, μάλλον μας συμπαθεί! Λογικό δεν είναι; Ας της τηλεφωνήσουμε να μιλήσουμε λίγο για τα αυριανό μας διαγώνισμα στα Μαθηματικά.

Μαρίνα: Τι μου το θύμισες τώρα….

(επιμέλεια κειμένου, Σ. Δημοπούλου)

Ασκήσεις

1. Υπογραμμίστε όλες τις λέξεις που δείχνουν τόσο την εξωτερική εμφάνιση, όσο και το χαρακτήρα της νέας φίλης των κοριτσιών και γράψτε τις στο τετράδιό σας. Στη συνέχεια κάντε προτάσεις με κάποιες από αυτές.

2. Γράψτε με τη διπλανή/το διπλανό σας έναν παρόμοιο διάλογο.

Κείμενο

Η αμαξάρα του θείου Παύλου

Δε θα ξεχάσω ποτέ τα καλοκαίρια στο νησί. Ξέγνοιαστα, ανέμελα με όλη την παρέα να συναντιέται και να περνά ατέλειωτες ώρες στη θάλασσα. Εκείνο όμως που μου έχει μείνει στην παιδική μου μνήμη σαν εικόνα είναι το αυτοκίνητο του θείου Παύλου. Η λεγόμενη αμαξάρα! Με αυτό ερχόταν ο θείος κάθε καλοκαίρι στο νησί από τη Γερμανία όπου ζούσε και εργαζόταν. Κάθε φορά που το βλέπαμε, δε σταματούσαμε να το θαυμάζουμε και ήταν τόσο καλός ο θείος Παύλος, που πάντα μας έκανε μια μεγάλη βόλτα.

Ήταν ένα μεγάλο κόκκινο σπορ αυτοκίνητο με ανοιχτή οροφή. Οι ρόδες του φάνταζαν τεράστιες στα παιδικά μας μάτια και τα τέσσερα καθίσματα είχαν μπεζ χρώμα και ήταν δερμάτινα. Θυμάμαι πως έμπαινα μέσα και ο θείος χαμογελαστός με έδενε με τη ζώνη και έβαζε δυνατά τη μουσική από το ραδιόφωνο. Ένα τεράστιο τιμόνι με καλογυαλισμένο μοχλό ταχυτήτων και μεγάλα παράθυρα που τα άφηνε ανοιχτά μαζί με την οροφή, η οποία με ένα μαγικό τρόπο άνοιγε προς τον ουρανό. Ένα τέτοιο αμάξι ονειρευόμουν να αποκτήσω μόλις θα έβγαζα τα πρώτα μου χρήματα. Οπωσδήποτε! Το είχα βάλει σκοπό!

(επιμέλεια κειμένου, Σ. Δημοπούλου)

Ερωτήσεις

1. Τι είναι αυτό που θυμάται ο αφηγητής περισσότερο από τα καλοκαίρια του στο νησί;

2. Πώς περιγράφει το αυτοκίνητο; Σημειώστε τις λέξεις που δείχνουν τα χαρακτηριστικά του.

3. Στην παρακάτω εικόνα να περιγράψετε το αυτοκίνητο, αφού πρώτα το χρωματίσετε. Μπορείτε επίσης να προσθέσετε δικά σας στοιχεία.

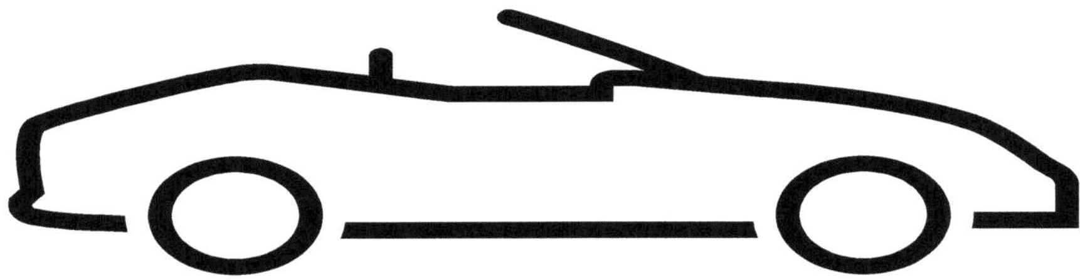

Κάντε την περιγραφή

Εσωτερικά χαρακτηριστικά   Εξωτερικά χαρακτηριστικά

Γραμματική

Οριστικό και αόριστο άρθρο

Στη Νέα Ελληνική γλώσσα έχουμε δύο άρθρα, το οριστικό (**ο**, **η**, **το**) που αναφέρεται σε κάτι συγκεκριμένο, και το αόριστο (**ένας**, **μία**, **ένα**) που αναφέρεται σε κάτι αόριστο. Το οριστικό κλίνεται ως εξής.

Ενικός αριθμός	Αρσ.	Θηλ.	Ουδ.
ονομαστική	ο	η	το
γενική	του	της	του
αιτιατική	τον	τη(ν)	το
κλητική			
Πληθυντικός αριθμός			
ονομαστική	οι	οι	τα
γενική	των	των	των
αιτιατική	τους	τις	τα
κλητική			

Προσοχή!

* Η αιτιατική ενικού του αρσενικού άρθρου (τον), σύμφωνα με τη γραμματική του Δημοτικού και του Γυμνασίου διατηρεί **πάντα** το τελικό **ν**.

* Η αιτιατική ενικού του θηλυκού άρθρου διατηρεί το τελικό **ν**, μόνο όταν η επόμενη λέξη αρχίζει από φωνήεν ή από τα: **κ, π, τ, ξ, ψ, γκ, μπ, ντ, τσ, τζ**

* Πολύ συχνά η γενική και η αιτιατική του ενικού και του πληθυντικού ενώνεται με την πρόθεση **σε** κι έτσι έχουμε τους τύπους **στου, στης, στον στη(ν), στο, στων, στους, στις,** π.χ. Θα πάμε **στου** Κώστα απόψε;

Άσκηση

Να χρησιμοποιήσετε όλους τους τύπους του οριστικού άρθρου (και με το σε) στις παρακάτω προτάσεις.

α. Φέρτε παιδιά παρακαλώ.........τετράδιά σας.

β. Το είπε .... φίλους του και αυτοί .... πίστεψαν.

γ. Θα πάρω μαζί ...... αδερφή μου .... ταξίδι που θα κάνω.

δ. Θα συναντηθούμε απόψε .... Μαρίας; Να .... πάμε και ένα γλυκό.

ε. .... είδες το έργο χθες στην τηλεόραση;

στ. Είπες ...... διευθυντή το πρόβλημά σου;

ζ. Αυτό το παντελόνι είναι .... Νίκου και το άλλο .... Αλίκης.

η. Τα μαθήματα .... παιδιών είναι δύσκολα.

Αόριστο άρθρο

	Ενικός αριθμός		
	Αρσ.	Θηλυκ.	Ουδ.
ονομαστική	ένας	μία/μια	ένα
γενική	ενός	μίας/μιας	ενός
αιτιατική	έναν	μία / μια(ν)	ένα
κλητική			

Προσοχή!

﹛ Η αιτιατική ενικού του αρσενικού άρθρου (**έναν**) σύμφωνα με τη γραμματική του Δημοτικού και του Γυμνασίου διατηρεί **πάντα** το τελικό **ν**.

﹛ Η αιτιατική ενικού του θηλυκού άρθρου χρησιμοποιείται **κυρίως χωρίς** το τελικό **ν** (μια).

Άσκηση

Να συμπληρώσετε το αόριστο άρθρο στις παρακάτω προτάσεις.

α. .... φίλη μου μου αποκάλυψε το μυστικό τους.

β. Μια φορά και .... καιρό ζούσε ..... φτωχός τσαγκάρης σε ....
παράγκα.

γ. Σκέφτομαι να αγοράσω …….. αυτοκίνητο.

δ. Είδα χθες το απόγευμα τον Στέλιο με ……… φίλο του.

ε. ………. μέρα είχα επισκεφθεί ……… γνωστή μου που μένει σε άλλη γειτονιά.

*** Προσοχή!** Υπάρχει διαφορά ανάμεσα στο αόριστο και αριθμητικό. Λέμε για παράδειγμα: **Μια** μέρα ήμουν για φαγητό με μια φίλη (αόριστο). Έμεινα **μία** μέρα στη Θεσσαλονίκη (αριθμητικό).

Άσκηση

Να συμπληρώσετε τις προτάσεις με οριστικό ή αόριστο άρθρο.

α. Με ………. ξάδερφό μου πήγαμε προχθές σε ……… παράσταση.

β. Αγαπάμε ………. φίλες μας σα να ήταν αδερφές μας.

γ. Θα μου δανείσεις αυτό ……… βιβλίο;

δ. Σε ………. θείου μου …….. σπίτι θα πάμε απόψε.

ε. ….. γνωστός συγγραφέας έδωσε …….. διάλεξη στο βιβλιοπωλείο.

στ. Σε ……. καινούριο διαμέρισμα θα μετακομίσουμε τον άλλο μήνα.

ζ. Αναλαμβάνεις όλα ….. έξοδα ….. ταξιδιού;

η. Με …….. Αναστασία είμαστε πολύ καλές φίλες.

θ. Όλη μέρα είναι με …….. κινητό στο χέρι.

Ενότητα 2: Ο χρόνος, οι εποχές, οι μήνες, οι ώρες

Οι εποχές του χρόνου

Να χωρίσετε τις εποχές του χρόνου στις παραπάνω φωτογραφίες: άνοιξη, καλοκαίρι, φθινόπωρο, χειμώνας και να τις περιγράψετε.

Οι μήνες

Ο χρόνος έχει 4 εποχές και κάθε εποχή έχει 3 μήνες.

Φθινόπωρο: ⟹ Σεπτέμβριος, Οκτώβριος, Νοέμβριος

Χειμώνας: ⟹ Δεκέμβριος, Ιανουάριος, Φεβρουάριος

Άνοιξη: ⟹ Μάρτιος, Απρίλιος, Μάιος

Καλοκαίρι: ⟹ Ιούνιος, Ιούλιος, Αύγουστος

Στο παρακάτω κρυπτόλεξο, να βρείτε τους 12 μήνες του χρόνου και να τους βάψετε στα χρώματα που πιστεύετε ταιριάζουν σε κάθε εποχή.

Α	Β	Λ	Σ	Κ	Μ	Α	Ι	Δ	Σ	Σ	Β	Ν
Ι	Α	Σ	Δ	Φ	Γ	Π	Ο	Ε	Ε	Η	Ν	Μ
Α	Α	Β	Ν	Μ	Ζ	Ρ	Υ	Κ	Π	Σ	Α	Α
Ν	Χ	Ψ	Μ	Α	Ζ	Ι	Ν	Ε	Τ	Σ	Α	Ν
Ο	Φ	Ψ	Τ	Ι	Ζ	Λ	Ι	Μ	Ε	Σ	Τ	Ο
Υ	Ε	Ψ	Τ	Ο	Ζ	Ι	Ο	Β	Μ	Ο	Τ	Ε
Α	Β	Ψ	Φ	Σ	Χ	Ο	Σ	Ρ	Β	Κ	Τ	Μ
Ρ	Ρ	Ψ	Φ	Σ	Σ	Σ	Ι	Ι	Ρ	Τ	Θ	Β
Ι	Ο	Υ	Λ	Ι	Ο	Σ	Ι	Ο	Ι	Ω	Θ	Ρ
Ο	Υ	Α	Α	Α	Λ	Λ	Λ	Σ	Ο	Β	Θ	Ι
Σ	Α	Υ	Γ	Ο	Υ	Σ	Τ	Ο	Σ	Ρ	Θ	Ο
Ν	Ρ	Σ	Ε	Π	Τ	Ε	Μ	Β	Ρ	Ι	Ο	Σ
Μ	Ι	Ο	Υ	Λ	Ι	Ο	Σ	Η	Θ	Ο	Θ	Θ
Ν	Ο	Υ	Υ	Υ	Υ	Φ	Φ	Ρ	Ρ	Σ	Γ	Γ
Ω	Σ	Ρ	Μ	Α	Ρ	Τ	Ι	Ο	Σ	Δ	Σ	Σ

(πηγή, www.vivlio2net.files.wordpress.com)

Εργασία: Ξαναγράψτε τους μήνες του χρόνου με κεφαλαία και μικρά γράμματα, όπως μας τους δίνει η άσκηση.

Ποίημα

Ο Μάρτης και η μάνα του

Τον γνωρίζετε το Μάρτη,

τον τρελό και τον αντάρτη;

Ξημερώνει και βραδιάζει

κι εκατό γνώμες αλλάζει.

Βάζει η μάνα του μπουγάδα,

σχοινί δένει στη λιακάδα,

τα σεντόνια της ν' απλώσει,

μια χαρά να τα στεγνώσει.

Να που ο Μάρτης μετανιώνει

και τα σύννεφα μαζώνει

και να μάσει η μάνα τρέχει

τα σεντόνια, γιατί βρέχει!

Να ο ήλιος σε λιγάκι,

φύσηξε το βοριαδάκι,

κι η φτωχή γυναίκα μόνη

τα σεντόνια ξαναπλώνει.

Μια βροντή κι ο ήλιος χάθη

μες στης συννεφιάς τα βάθη,

ρίχνει και χαλάζι τώρα,

ποποπό, τι άγρια μπόρα!

Ώς το βράδυ φορές δέκα

άπλωσε η φτωχή γυναίκα

την μπουγάδα, κι όρκο δίνει

Μάρτη να μην ξαναπλύνει.

(Ρίτα Μπούμη-Παπά, Ανθολόγιο για τα παιδιά του Δημοτικού)

Ερωτήσεις

1. Να γράψετε σε ένα κείμενο το νόημα του ποιήματος.

2. Γιατί παρουσιάζεται στο ποίημα ο μήνας Μάρτιος και τι το ξεχωριστό υπάρχει σε αυτόν;

3. Να σημειώσετε τις λέξεις του ποιήματος που μοιάζουν με εικόνες.

Οι ημέρες της εβδομάδας

Η **Δευτέρα** με την **Τρίτη**

στης **Τετάρτης** παν τε σπίτι

με την **Πέμπτη** κουβεντιάζουν

την **Παρασκευή** φωνάζουν.

Παίρνουνε και το **Σαββάτο**

και τραβάνε παρακάτω

να κι η **Κυριακή** απ΄το πλάι

το μαντίλι τους πετάει.

Κι αρχινάνε ζωηρό

της βδομάδας τον χερό.

(Γιώργης Κρόκος, *Ο Χορός των Επτά*)

Άσκηση

Να ξαναγράψετε τις μέρες της εβδομάδας και να κάνετε προτάσεις για κάθε μία από αυτές.

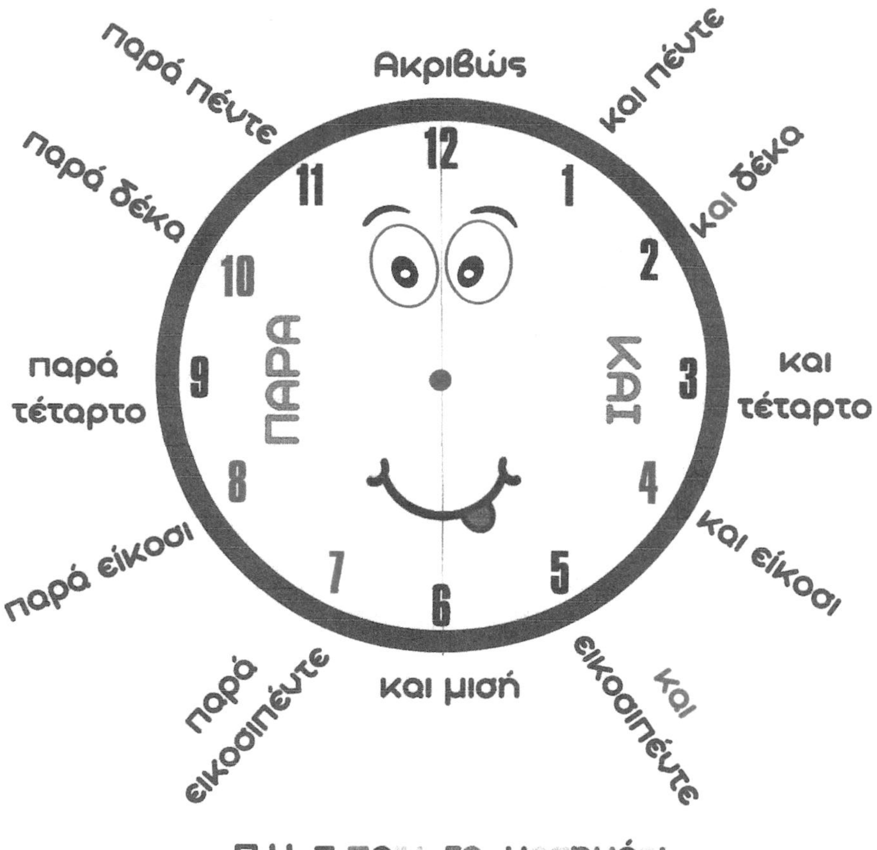

(πηγή, www.makelife.gr)

Προσπαθήστε να διαβάσετε την ώρα στο παραπάνω σχέδιο.

(πηγή, www.emathima.gr)

Ενώστε την ώρα με το ρολόι που ταιριάζει

(πηγή, www.emathima.gr)

Γραμματική

Αριθμητικά επίθετα

Τα αριθμητικά επίθετα χωρίζονται σε απόλυτα, τακτικά, πολλαπλασιαστικά και αναλογικά.

Απόλυτα

Τα απόλυτα αριθμητικά υποδηλώνουν έναν συγκεκριμένο αριθμό από πρόσωπα, ζώα και πράγματα (π.χ. τρεις μέλισσες, ιδιοκτήτης τριών αυτοκινήτων). Η κλίση του ένας, μία, ένα είναι γνωστή από το προηγούμενο μάθημα, γι' αυτό θα δούμε την κλίση του τρεις, τέσσερις.

Αρσ.,Θηλ.	Ουδ.	Αρσ.,Θηλ.	Ουδ.
τρεις	τρία	τέσσερις	τέσσερα
τριών	τριών	τεσσάρων	τεσσάρων
τρεις	τρία	τέσσερις	τέσσερα

Τακτικά αριθμητικά

Τα τακτικά αριθμητικά κλίνονται όπως τα επίθετα σε -ος, -η, -ο, και είναι: πρώτος, δεύτερος, τρίτος, τέταρτος, κλπ. και δηλώνουν σειρά.

Πολλαπλασιαστικά

Τα πολλαπλασιαστικά δηλώνουν την ποσότητα των μερών που αποτελείται κάτι, π.χ. διπλός (αποτελείται από δύο μέρη).

Αναλογικά

Τα αναλογικά δηλώνουν πόσες φορές ένα ποσό είναι μεγαλύτερο από ένα άλλο, π.χ. η Μαρία κερδίζει τα διπλάσια από ό,τι η Άννα (δηλαδή δυο φορές περισσότερα).

Άσκηση

Να συμπληρώσετε τις παρακάτω προτάσεις με το σωστό τύπο του αριθμητικού που βρίσκεται στην παρένθεση.

α. Η Στέλλα ήρθε …………….. (δεύτερος) στο διαγωνισμό ανάγνωσης.

β. Σε …………….. (τέσσερις) χρόνια θα ολοκληρώσει τις σπουδές του ο Μάριος.

γ. Μου έβαλε …………….. (τριπλός) μερίδα φαγητού και δεν μπόρεσα να τη φάω.

δ. Η διαφορά του ………….. (πρώτος) και του ………….. (δεύτερος) στη βαθμολογία ήταν ελάχιστη.

ε. Μέσα σε λίγες ώρες κέρδισε τα …………. (τριπλάσιος) χρήματα.

στ. Θα ήθελα ………... (διπλός) μερίδα πατάτες παρακαλώ!

ζ. Είναι μητέρα ……………. (τρεις) πανέμορφων κοριτσιών.

η. Για ……………. (πέμπτος) χρονιά φέτος θα γιορτάσουμε την επέτειό μας.

θ. Το νέο του αμάξι είναι ……………. (διπλάσιος) σε όγκο από το προηγούμενο.

Ενότητα 3: Η ντουλάπα μου

Το πάρτι

Η Αριάδνη και η Μελίνα είναι καλεσμένες σε ένα πάρτι μιας φίλης τους που γιορτάζει τα γενέθλιά της. Αυτό που απασχολεί τις δύο φίλες είναι τι θα φορέσουν. Ας παρακολουθήσουμε τη συζήτηση.

Αριάδνη: Πόσο χαίρομαι για το πάρτι του Σαββάτου! Θα περάσουμε υπέροχα!

Μελίνα: Κι εγώ Αριάδνη μου! Νομίζω πως έχει καλέσει αρκετά άτομα η Σοφία.

Αριάδνη: Το πρόβλημά μας βέβαια τώρα ξέρεις ποιο είναι…

Μελίνα: Τι θα φορέσουμε…

Αριάδνη: Για να δούμε την ντουλάπα. Λέω να φορέσω ένα παντελόνι μαύρο με ένα ωραίο μπλουζάκι και ψηλοτάκουνα παπούτσια. Εσύ;

Μελίνα: Σκέφτομαι για μία φούστα με σακάκι και μπότες.

Αριάδνη: Φούστα με σακάκι; Γιατί δε φοράς ένα ωραίο φόρεμα;

Μελίνα: Δεν έχω κανένα που να μου αρέσει. Όσα έχω είναι για καθημερινό ντύσιμο. Όχι για πάρτι.

Αριάδνη: Κι εγώ για να είμαι ειλικρινής θέλω να φορέσω κάτι καινούριο. Τι λες, πάμε για ψώνια;

Μελίνα: Και δεν πάμε; Φύγαμε!

Ερωτήσεις

1. Τι πρόβλημα έχουν τα δύο κορίτσια και για ποιο θέμα συζητούν;

2. Πιστεύετε πως το ντύσιμο απασχολεί πιο πολύ τα κορίτσια ή τα αγόρια; Εσείς πώς ντύνεστε για το σχολείο; Τι ρούχα προτιμάτε και γιατί;

Χρήσιμο Λεξιλόγιο

μπλούζα

παντελόνι (τζιν, υφασμάτινο)

πουκάμισο

φούστα

φόρεμα

κοστούμι

σακάκι

καπέλο

σκούφος

γραβάτα

παλτό

ζακέτα

φόρμες (αθλητικές)

αθλητικά παπούτσια

μπότες (μποτάκια)

τσάντα

μπαλαρίνες / γόβες

παντόφλες

γάντια

μαγιό

1. Στα παρακάτω σκίτσα, αφού χρωματίσετε τα ρούχα και παπούτσια, να γράψετε πώς λέγεται το καθένα.

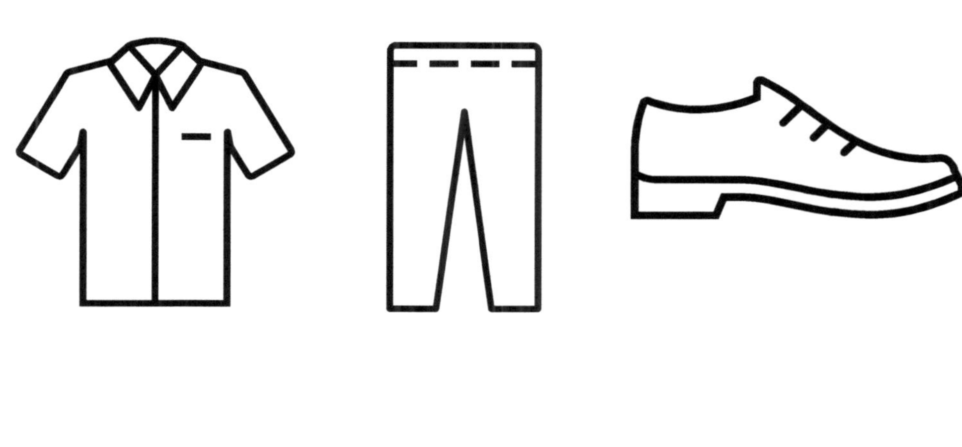

....

....

Εργασία

Σε ένα κείμενο 50 λέξεων να περιγράψετε τι υπάρχει στην ντουλάπα σας και πώς σας αρέσει να ντύνεστε όχι μόνο στην καθημερινότητα, αλλά και σε άλλες περιστάσεις (γενέθλια, γάμος, γιορτές, κλπ.).

Οι εποχές και το ντύσιμο

Κάθε εποχή όπως είναι φυσικό έχει και το ανάλογο ντύσιμο. Ο άνθρωπος λοιπόν ντύνεται πάντα σε σχέση με τις καιρικές συνθήκες, δηλαδή με το τι καιρό κάνει. Όταν έχει ζέστη για παράδειγμα, φοράμε κάτι ελαφρύ και ανοιχτόχρωμο, για να μην την αισθανόμαστε τόσο πολύ. Αντίστοιχα, όταν έχει κρύο φοράμε πιο βαριά ρούχα , για να προστατεύσουμε το σώμα μας από την παγωνιά.

Η άσκηση που ακολουθεί είναι να ταιριάξετε τις εποχές με το ντύσιμο. Για να δούμε πώς θα γίνει αυτό!

φθινόπωρο	κασκόλ
	πέδιλα
χειμώνας	κοντομάνικη μπλούζα
	μπότες
άνοιξη	καπέλο
	αδιάβροχο
καλοκαίρι	τζιν μπουφάν
	μαγιό

Διάλογος

Στην αγορά για ψώνια

Ο Πέτρος πηγαίνει με τη μητέρα του την κυρία Κάτια για ψώνια, γιατί του λείπουν κάποια ρούχα από την ντουλάπα του κυρίως χειμωνιάτικα.

Κυρία Κάτια: Πέτρο μου θα πάμε στην αγορά σήμερα, γιατί πρέπει οπωσδήποτε να ψωνίσουμε κάποια ρούχα για σένα. Μεγαλώνεις και δε σου κάνουν τα περυσινά πλέον.

Πέτρος: Να πάμε μαμά. Μου αρέσει να χαζεύω τα μαγαζιά με ρούχα και παπούτσια.

Κυρία Κάτια: (στα μαγαζιά) Ας μπούμε εδώ. Μου φαίνεται από τη **βιτρίνα** πως έχει ωραία ρούχα και πολύ νεανικά.

Υπάλληλος: Καλημέρα σας. Πώς μπορώ να σας **εξυπηρετήσω**;

Κυρία Κάτια: Καλημέρα. Θα θέλαμε ένα τζιν παντελόνι, δύο πουλόβερ και ένα μπουφάν. Είναι για τον νεαρό από δω.

Υπάλληλος: Έλα νεαρέ μου να δοκιμάσεις αυτό το παντελόνι και τα πουλόβερ σε γκρι και γαλάζιο χρώμα.

Πέτρος: Δε μου αρέσει το γκρι. Μήπως υπάρχει σε καφέ ή λευκό; Θα το προτιμούσα.

Υπάλληλος: Βεβαίως και υπάρχει. Πάμε στο **δοκιμαστήριο**.

Κυρία Κάτια: (έχει βγει ο Πέτρος απ' το δοκιμαστήριο) Είναι πολύ στενό και κοντό το παντελόνι και το πουλόβερ πολύ **φαρδύ** και **μακρύ**. Μήπως έχετε ένα νούμερο μεγαλύτερο στο παντελόνι και μικρότερο στο πουλόβερ; Μάλλον ψήλωσες και λίγο αδυνάτισες Πέτρο.

Υπάλληλος: Τα φέρνω αμέσως.

Κυρία Κάτια: Α! Τώρα μάλιστα! Είναι όπως πρέπει στο μήκος και στο φάρδος. Να ρίξουμε μια ματιά και στα μπουφάν; Τι λες Πέτρο; Σου άρεσαν;

Πέτρος: Πάρα πολύ μαμά! Σε υπερευχαριστώ!

(επιμέλεια κειμένου, Σ. Δημοπούλου)

Ερωτήσεις

1. Να σημειώσετε με Σωστό ή Λάθος τις παρακάτω προτάσεις:

α. Ο Πέτρος δε θέλει να πάει για ψώνια   Σ   Λ

β. Η κυρία Κάτια επιλέγει τα χρώματα των πουλόβερ   Σ   Λ

γ. Ο υπάλληλος του καταστήματος είναι ευγενικός   Σ   Λ

δ. Το παντελόνι ήταν φαρδύ και μακρύ   Σ   Λ

ε. Ο Πέτρος ψήλωσε και αδυνάτισε   Σ   Λ

2. Συνεχίστε το διάλογο στο τετράδιό σας.

3. Να γράψετε προτάσεις με τις λέξεις με έντονα γράμματα.

4. Πηγαίνετε με τη/το φίλη/ο σας για ψώνια στα μαγαζιά. Κάντε το διάλογο.

Τι βλέπετε στις εικόνες; Να τις περιγράψετε με λεπτομέρειες.

Γραμματική

Κλίση επιθέτων σε -ής, -ιά, -ί και -ύς, -ιά, -ί.

Τα επίθετα σε -ής, -ιά, -ί, όπως θαλασσής, θαλασσιά, θαλασσί, σταχτής, σταχτιά, σταχτί κλίνονται ως εξής:

<table>
<tr><td colspan="3" align="center">Ενικός αριθμός</td></tr>
<tr><td>ο   θαλασσής</td><td>η   θαλασσιά</td><td>το   θαλασσί</td></tr>
<tr><td>του θαλασσή</td><td>της θαλασσιάς</td><td>του θαλασσιού</td></tr>
<tr><td>τον θαλασσή</td><td>τη θαλασσιά</td><td>το   θαλασσί</td></tr>
<tr><td>- θαλασσή</td><td>- θαλασσιά</td><td>- θαλασσί</td></tr>
<tr><td colspan="3" align="center">Πληθυντικός αριθμός</td></tr>
<tr><td>οι   θαλασσιοί</td><td>οι   θαλασσιές</td><td>τα   θαλασσιά</td></tr>
<tr><td>των θαλασσιών</td><td>των θαλασσιών</td><td>των θαλασσιών</td></tr>
<tr><td>τους θαλασσιούς</td><td>τις θαλασσιές</td><td>τα   θαλασσιά</td></tr>
<tr><td>- θαλασσιοί</td><td>- θαλασσιές</td><td>- θαλασσιά</td></tr>
</table>

Τα επίθετα σε -ύς, -ιά, -ύ, όπως πλατύς, πλατιά, πλατύ, βαρύς, βαριά, βαρύ κλίνονται ως εξής:

Ενικός αριθμός

ο βαρύς	η βαριά	το βαρύ
του βαριού/βαρύ	της βαριάς	του βαριού/βαρύ
τον βαρύ	τη βαριά	το βαρύ
- βαρύ	- βαριά	- βαρύ

Πληθυντικός αριθμός

οι βαριοί	οι βαριές	τα βαριά
των βαριών	των βαριών	των βαριών
τους βαριούς	τις βαριές	τα βαριά
- βαριοί	- βαριές	- βαριά

Άσκηση

Να συμπληρώσετε τις προτάσεις με το σωστό τύπο των επιθέτων.

α. Το πουκάμισο μου είναι στενό και .... (μακρύς).

β. Οι δρόμοι στην πόλη είναι .... (φαρδύς) και τα πεζοδρόμια .... (πλατύς).

γ. Με τον .... (σταχτής) μου σκύλο βγαίνουμε βόλτα κάθε πρωί.

δ. Οι .... (μακρύς) φούστες μου αρέσουν πολύ.

ε. Το .... (θαλασσής) είναι το αγαπημένο μου χρώμα.

στ. Θα ήθελα να πάρω έναν .... (καφετής) σκύλο.

ζ. Πάρε μια .... (βαθύς) ανάσα και πάμε.

Ενότητα 4: Τα χόμπι μου και ο ελεύθερος χρόνος μου

Τι σας αρέσει;

Μια παρέα αγοριών και κοριτσιών συζητά για τα χόμπι τους και πώς περνάνε ή και πώς τους αρέσει να περνάνε τον ελεύθερο χρόνο τους. Ας δούμε τι λένε.

Αλίκη: Παιδιά, τι θα κάνετε το Σαββατοκύριακο; Εγώ θα πάω βόλτα με το ποδήλατο. Μου αρέσει πολύ η βόλτα με το ποδήλατο. Εσύ, Θάνο;

Θάνος: Εγώ σκέφτομαι να πάω για κολύμβηση στην πισίνα με τα αδέρφια μου.

Στέλιος: Δε μου αρέσει καθόλου ούτε το ποδήλατο ούτε η κολύμβηση. Προτιμώ να μείνω στο δωμάτιό μου και να διαβάσω ένα βιβλίο.

Αγάπη: Εγώ που λέτε τρελαίνομαι για τένις! Θα πάμε με τη Ράνια και τα κορίτσια να παίξουμε.

Μαίρη: Εγώ παιδιά δυστυχώς δεν έχω καθόλου ελεύθερο χρόνο αυτό το Σαββατοκύριακο. Ετοιμάζουμε μια έκθεση για το σχολείο με θέμα το Περιβάλλον και πρέπει να δουλέψουμε αρκετές ώρες… πόσο σας ζηλεύω.

Αλέξανδρος: Εμείς θα πάμε οικογενειακώς μία εκδρομή σε ένα βουνό. Εκεί θα κάνουμε πεζοπορία, θα κατασκηνώσουμε δίπλα από το ποτάμι, θα υαρέψουμε, θα γνωρίσουμε τις ομορφιές της φύσης και θα την εξερευνήσουμε.

Ιάσων: Αλέξανδρε, σε ζηλεύω. Μου αρέσει πάρα πολύ να είμαι στη φύση. Τρελαίνομαι για εκδρομές, αλλά για να είμαι ειλικρινής προτιμώ τη θάλασσα από το βουνό.

Αλέξανδρος: Η θάλασσα είναι πανέμορφη! Θα συμφωνήσω μαζί σου. Πότε θα έρθει το καλοκαίρι να την απολαύσουμε επιτέλους;

Μαίρη: Πότε θα έρθει το καλοκαίρι να κλείσουν τα σχολεία θες να πεις Αλέξανδρε!

(επιμέλεια κειμένου, Σ. Δημοπούλου)

Ερωτήσεις

Επιλέξτε τη σωστή απάντηση στα παρακάτω.

1. **Τα παιδιά συζητούν,**

α. τα προβλήματά τους

β. τις προτιμήσεις τους

γ. πώς θα περάσουν το Σαββατοκύριακο

2. **Ο Στέλιος,**

α. τρελαίνεται για ποδήλατο

β. προτιμά να διαβάζει βιβλία

γ. του αρέσουν τα ταξίδια

3. **Η Μαίρη,**

α. θα πάει για ψώνια

β. θα βγει με φίλες

γ. θα εργαστεί για το σχολείο

4. **Ο Ιάσων,**

α. τρελαίνεται για εκδρομές

β. θα πάει για ψάρεμα

γ. θα πάει κατασκήνωση

5. **Τα παιδιά,**

α. δεν έχουν χόμπι

β. έχουν χόμπι

γ. δεν έχουν ελεύθερο χρόνο

Εργασία

Σε μία ομαδική εργασία να συζητήσετε μέσα στην τάξη τα χόμπι που έχει ο καθένας από εσάς και τις ασχολίες στον ελεύθερο χρόνο σας. Κάντε το διάλογο.

Άσκηση

Ενώστε τις εικόνες με τις διάφορες δραστηριότητες:

κατασκήνωση, κάμπινγκ

χορός

μπάσκετ

ποδόσφαιρο

ψάρεμα

κατάδυση

σκι

Παραγωγή γραπτού λόγου

Οι παρακάτω αφηγήσεις των παιδιών στο ημερολόγιό τους αφορούν στον ελεύθερο χρόνο τους και πώς τον περνούν. Γράψτε κι εσείς κάτι παρόμοιο στο ημερολόγιό σας σε 40 λέξεις περίπου.

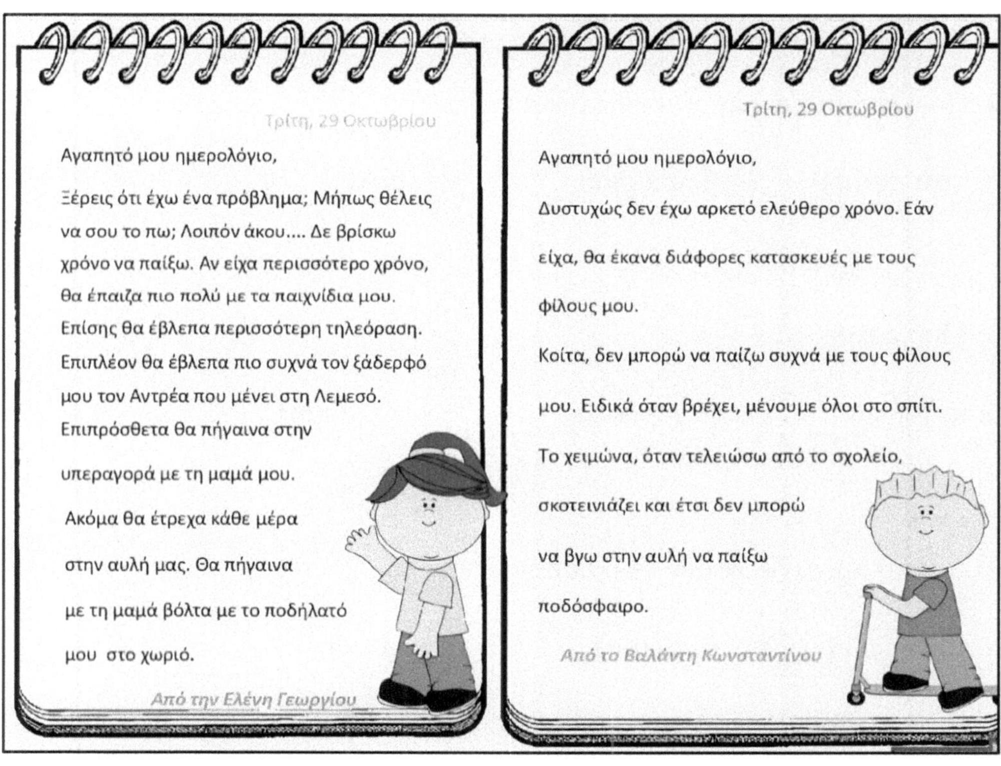

(πηγή εικόνων, www. schools.ac.cy)

Ερωτηματολόγιο

Απαντήστε στις παρακάτω ερωτήσεις:

1. Τι σας αρέσει περισσότερο;

α. διάβασμα ☐   β. παιχνίδι ☐   γ. ταξίδια ☐

2. Ποιο είναι το αγαπημένο σας άθλημα;

α. ποδόσφαιρο ☐   β. μπάσκετ ☐   γ. άλλο ☐

3. Μου αρέσει να

α. κολυμπώ ☐   β. χορεύω ☐   γ. κοιμάμαι ☐

4. Δε μου αρέσει/αρέσουν καθόλου

α. το σινεμά ☐   β. το θέατρο ☐   γ. οι εκδρομές ☐

Συνεχίστε εσείς το ερωτηματολόγιο με τη διπλανή ή το διπλανό σας.

Γραμματική

Κλίση αρσενικών ουσιαστικών σε -ας, -έας

1) Αρσενικά σε -ας: αγώνας, κανόνας, άντρας, πίνακας, αμπελώνας, κλπ.

Ενικός αριθμός	Πληθυντικός αριθμός
ο αγώνας του αγώνα τον αγώνα - αγώνα	οι αγώνες των αγώνων τους αγώνες - αγώνες
ο κανόνας (συνεχίστε)	

* Προσοχή! Τα δισύλλαβα σε -ας όπως **ο μήνας**, στη γενική πληθυντικού τονίζονται στη λήγουσα. **Οι μήνες, των μηνών**.

2) Αρσενικά σε -έας: κουρέας, βαφέας, γραμματέας, συγγραφέας, κλπ.

ο/η γραμματέας του/της γραμματέα τον/την γραμματέα - γραμματέα	οι γραμματείς των γραμματέων τους/τις γραμματείς - γραμματείς
ο κουρέας (συνεχίστε)	

Άσκηση: Συμπληρώστε το σωστό τύπο του ουσιαστικού.

α. Οι …………….. (τομέας) στους οποίους θα δουλέψουμε είναι πολλοί.

β. Οι αποφάσεις των …………… (εισαγγελέας) είναι δύσκολες.

γ. Πήραμε μέρος σε πολλούς …………… (αγώνας) με αυστηρούς ………….. (κανόνας).

δ. Στις κρύες νύχτες του …………….. (χειμώνας) πρέπει να φροντίζουμε τα αδέσποτα ζώα.

ε. Είπε στον .... (άντρας) της να τη συνοδεύσει στην αγορά.

στ. Πολλές φορές οι .... (διανομέας) γρήγορου φαγητού εργάζονται σε πολύ άσχημες καιρικές συνθήκες.

ζ. Ο πατέρας μου έχει στο γραφείο του μια πολύ καλή .... (γραμματέας).

η. Μήπως πρέπει να πας στον .... (κουρέας) να κουρευτείς;

Συντακτικό

Οι όροι της πρότασης

Το ρήμα μαζί με το υποκείμενο και αντικείμενο αποτελούν τους όρους της πρότασης. Συχνά προστίθεται και το κατηγορούμενο, αλλά μόνο δίπλα σε συγκεκριμένα ρήματα.

<u>Παράδειγμα</u>

Ο Γιάννης έχει ένα μολύβι

υποκείμενο   ρήμα   αντικείμενο

Ο Γιάννης είναι μαθητής

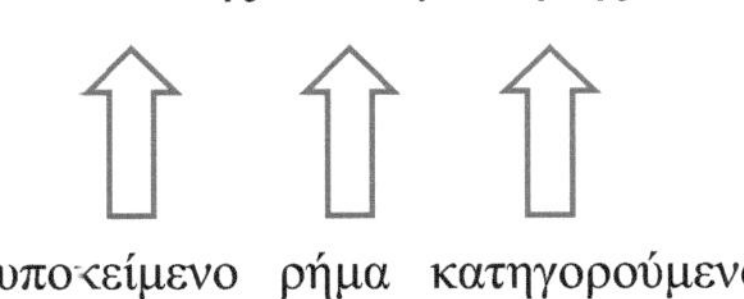

υποκείμενο   ρήμα   κατηγορούμενο

!   Άρα καταλαβαίνουμε πως το αντικείμενο είναι κάτι που συνδέεται με το ρήμα και πάντα ρωτάμε τι (;) για να το βρούμε. Το κατηγορούμενο συνδέεται κυρίως με τα ρήματα **είμαι** και **γίνομαι** και δηλώνει ένα χαρακτηριστικό του υποκειμένου.

Ασκήσεις

1. Να βρείτε τους όρους της πρότασης στα παρακάτω παραδείγματα:

α. **Τα παιδιά** αγόρασαν **τετράδια**.

β. Ο **Αντώνης** έγινε **δάσκαλος**.

γ. **Εγώ** θέλω **εκείνον** και όχι **εσένα**.

δ. **Ο Μάκης** είναι πολύ καλός **ποδοσφαιριστής**.

ε. **Η κυρία Αλέκα** έδωσε **στη Μαρίνα φρούτα, λαχανικά** και **κρέας**.

στ. **Ο Λάμπης** είναι **φίλος** μου.

ζ. **Ο δάσκαλος** θεωρεί **τη Μαρίνα** πολύ **έξυπνη** και **μελετηρή**.

η. Μαμά, θα μας αγοράσεις **σοκολάτες** και **καραμέλες**;

θ. **Η Στέλλα** έγινε πολύ **γρήγορη** στο τρέξιμο.

ι. **Ο αδερφός** μου πούλησε **το αυτοκίνητό** του.

2. Να γράψετε δικές σας προτάσεις σύμφωνα με την παραπάνω άσκηση που να περιλαμβάνουν ρήμα, υποκείμενο, αντικείμενο και κατηγορούμενο.

Ενότητα 5: Καταστήματα και λαϊκή αγορά

Τι μαγαζιά είναι αυτά;

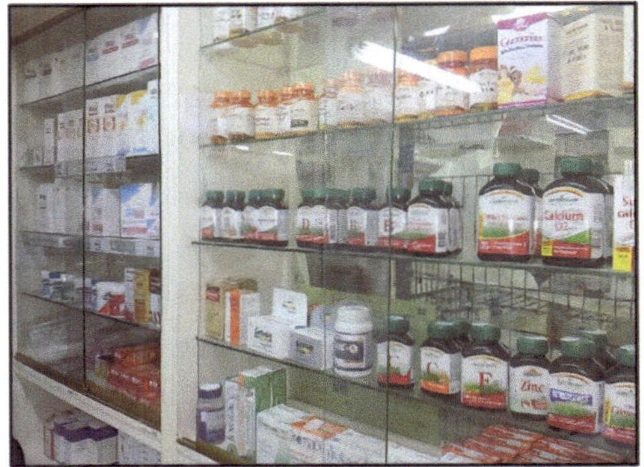

(πηγή εικόνων, www.pixabay.com)

Άσκηση

Περιγράψτε τα καταστήματα που βλέπετε στις παραπάνω εικόνες. Αναφερθείτε πόσο συχνά πηγαίνετε σε αυτά και τι ψωνίζετε.

Διάλογος

Άδειασε το ψυγείο μας!

Η Αμαλία και η Βιβή συγκατοικούν εδώ και αρκετά χρόνια, αφού εργάζονται στην ίδια εταιρεία. Καθώς όλη την εβδομάδα δεν έχουν χρόνο να πάνε για ψώνια, πηγαίνουν το Σάββατο.

Αμαλία: Βιβή μου δε θα το πιστέψεις, αλλά το ψυγείο μας είναι εντελώς άδειο! Μόνο νερό έχει μέσα… μα πώς έγινε αυτό; Είχαμε ψωνίσει αρκετά πράγματα το προηγούμενο Σάββατο.

Βιβή: Προφανώς τελείωσαν Αμαλία μου. Δεν υπήρχε και καθόλου χρόνος να πάμε για ψώνια με τόση δουλειά στο γραφείο.

Αμαλία: Έχουμε και λέμε. Θα μοιράσουμε τα ψώνια, για να τελειώνουμε γρηγορότερα, ώστε να απολαύσουμε το καφεδάκι μας μια τόσο ωραία ηλιόλουστη μέρα.

Βιβή: Να πάω εγώ στο σούπερ μάρκετ; Τι να αγοράσω;

Αμαλία: Πάρε οπωσδήποτε μία εξάδα νερά, δύο μπουκάλια γάλα, μισό κιλό φέτα, χαρτί κουζίνας, καφέ, ζάχαρη και απορρυπαντικό πιάτων. Εγώ λέω να πεταχτώ στο μανάβη και στο κρεοπωλείο. Α! Θα πάω και στο φούρνο.

Βιβή: Τι θα πάρεις;

Αμαλία: Από το μανάβη θα πάρω μπανάνες, πορτοκάλια, μήλα, δύο μαρούλια, πατάτες, καρότα, αγγουράκια και ντομάτες. Από το κρεοπωλείο μισό κιλό κιμά και ένα κοτόπουλο. Από το φούρνο ψωμί και κουλουράκια να έχουμε για τον καφέ μας. Ξέχασα κάτι μήπως;

Βιβή: Πω πω! Πρέπει να πάμε οπωσδήποτε στο καθαριστήριο να δώσουμε για καθάρισμα το κάλυμμα του καναπέ που λερώθηκε προχθές. Άσε, θα πάω εγώ.

Αμαλία: Ωραία. Τα λέμε λοιπόν σε λίγο.

(επιμέλεια κειμένου, Σ. Δημοπούλου)

Ερωτήσεις

1. Τι ψώνια έχουν να κάνουν η Αμαλία και η Βιβή και σε ποια μαγαζιά θα πάνε;

2. Ενώστε το κάθε μαγαζί με τα προϊόντα που πουλάει.

ψαράδικο

σούπερ μάρκετ

μανάβικο

ζαχαροπλαστείο

κρεοπωλείο

φούρνος

3. Συνεχίστε το διάλογο, αφού τα δύο κορίτσια έχουν επιστρέψει στο σπίτι με τα ψώνια.

Στη λαϊκή αγορά

(πηγή εικόνας, www.mononews.gr)

Από παιδί μου άρεσε να πηγαίνω μαζί με τη μαμά μου στη λαϊκή αγορά της γειτονιάς μου. Δεν έβλεπα την ώρα να ξημερώσει το Σάββατο! Αυτό που με ενθουσίαζε ήταν ο κόσμος που πηγαινοερχόταν με τα καρότσια του και έκανε τα ψώνια του. Γυναίκες, άντρες, παιδιά, κάθε λογής ανθρώπους συναντούσε κάποιος εκεί. Όλες αυτές οι φωνές από τους πάγκους που διαλαλούσαν την πραμάτεια τους ήταν για μένα τόσο διασκεδαστικό!

- Εδώ τα καλά πορτοκάλια! Ζουμερά και μεγάλα!

- Ελάτε κυρίες μου να πάρετε τα πιο φρέσκα φασολάκια! Τα χαρίζω, δεν τα πουλάω!

- Έχω τα καλύτερα ρούχα! Τρέξτε να προλάβετε! Όλα μισοτιμής!

Ο αγαπημένος μου όμως πάγκος ήταν αυτός του κυρίου Νίκου. Ο κύριος Νίκος πουλούσε λαχανικά και η μαμά τον γνώριζε πολλά χρόνια. Ο πάγκος είχε απ' όλα! Μαρούλια, σπανάκι, μπρόκολο, κουνουπίδι, λεμόνια, λάχανο, καρότα... νομίζω πως ήταν ο μεγαλύτερος. Πάντοτε λοιπόν αγόραζε η μαμά μου τα περισσότερα λαχανικά από εκεί. Και ο κύριος Νίκος κάθε φορά που με έβλεπε μαζί της μου έδινε και κάτι. Εσύ, μου έλεγε, πρέπει να παίρνεις βιταμίνες για να μεγαλώσεις! Σαν να είναι τώρα θυμάμαι τα λόγια του...

Ακόμη και τώρα που έχω τη δική μου οικογένεια πλέον, πηγαίνω μαζί με τα παιδιά μου στη λαϊκή αγορά της γειτονιάς μου, γιατί εκεί γνωρίζει κανείς τους πιο καλούς και αυθεντικούς ανθρώπους. Αυτούς που ξυπνούν απ' τα χαράματα, για να πουλήσουν τα προϊόντα τους. Εκτός από αυτό, είναι και μια ωραία βόλτα για όλη την οικογένεια!

(επιμέλεια κειμένου, Σ. Δημοπούλου)

Ερωτήσεις

1. Τι είναι αυτό που θυμάται ο αφηγητής όταν ήταν μικρός από τη λαϊκή αγορά;

2. Συνεχίζει να πηγαίνει ακόμη και γιατί;

3. Έχετε πάει σε λαϊκή αγορά; Αν ναι, τι σας έκανε εντύπωση;

4. Προσπαθήστε να γράψετε για το κείμενο αυτό όσο πιο πολλές ερωτήσεις μπορείτε.

 Τι πρέπει να γνωρίζω όταν πάω για ψώνια;

- θα ήθελα σας παρακαλώ

- βάλτε μου παρακαλώ ένα κιλό μήλα

- δύο κιλά ροδάκινα παρακαλώ

- 200 γραμμάρια φέτα

- μισό κιλό κιμά

- δύο ψάρια

- ένα ψωμί

- ένα τέταρτο κουλουράκια

- πέντε πάστες

- τρία πακέτα μακαρόνια

- δύο μπουκάλια νερό

- ένα κουτάκι τσίχλες

Στην ταβέρνα

Ο Πάρης με τους φίλους του πήγανε σε μία ελληνική ταβέρνα για φαγητό. Ας δούμε τι παραγγείλανε.

Σερβιτόρος: Καλησπέρα σας. Είστε έτοιμοι να παραγγείλετε; Τι να σας φέρω;

Πάρης: Καλησπέρα. Εγώ θα ήθελα μία μερίδα σουβλάκια χοιρινά με πατάτες τηγανητές.

Αλέξης: Για μένα μια μερίδα φιλέτο κοτόπουλο με ρύζι. Καλοψημένο παρακαλώ.

Στέλιος: Εγώ θα προτιμήσω καλαμαράκια. Και πατάτες φούρνου αν υπάρχουν.

Σερβιτόρος: Μήπως θα θέλατε κάποιο ορεκτικό ή σαλάτα;

Αλέξης: Φέρτε μας κολοκυθάκια τηγανητά και τζατζίκι.

Στέλιος: Και μία χωριάτικη σαλάτα.

Σερβιτόρος: Τι θα πιείτε;

Πάρης: Μισό κιλό λευκό κρασί και ένα μπουκάλι εμφιαλωμένο νερό.

Σερβιτόρος: Πολύ ωραία. Σας ευχαριστώ.

(αφού τελείωσαν με το φαγητό…)

Σερβιτόρος: Τελειώσατε; Όλα εντάξει; Θα θέλατε κάποιο επιδόρπιο; Γλυκό ή παγωτό;

Πάρης: Φέρτε μας γλυκό. Και το λογαριασμό παρακαλώ.

Σερβιτόρος: Θα πληρώσετε με μετρητά ή με κάρτα;

Στέλιος: Με κάρτα. Κερνάω εγώ παιδιά για τα γενέθλιά μου.

Σερβιτόρος: Ωραία. Σας ευχαριστούμε. Ελπίζουμε να μείνατε ευχαριστημένοι.

(επιμέλεια κειμένου, Σ. Δημοπούλου)

Εργασία

1. Κάντε το διάλογο σε ένα εστιατόριο με τις συμμαθήτριες/τους συμμαθητές σας με παρόμοιο τρόπο.

2. Έχετε πάει σε ένα εστιατόριο όπου δε σας άρεσε ούτε το φαγητό ούτε η εξυπηρέτηση. Σε μία κριτική που γράφετε εκφράζετε τα παράπονά σας. Η κριτική σας δε θα ξεπερνά τις 40 λέξεις.

Λεξιλόγιο

Χρήσιμες λέξεις σχετικές με τα καταστήματα:

η μανάβισσα, ο μανάβης → το μανάβικο

η περιπτερού, ο περιπτεράς → το περίπτερο

η/ο φαρμακοποιός → το φαρμακείο

η κρεοπώλισσα, ο κρεοπώλης → το κρεοπωλείο

η/ο ταχυδρόμος → το ταχυδρομείο

η φουρνάρισσα, ο φούρναρης → ο φούρνος, το αρτοποιείο

ο ψαράς → το ψαράδικο, το ιχθυοπωλείο

η/ο ζαχαροπλάστης → το ζαχαροπλαστείο

η βιβλιοπώλισσα, ο βιβλιοπώλης → το βιβλιοπωλείο

η/ο γιατρός → το ιατρείο

η σερβιτόρα, ο σερβιτόρος → η καφετέρια, το εστιατόριο, το μπαρ, η ταβέρνα

η πωλήτρια, ο πωλητής → η μπουτίκ, το κατάστημα ρούχων, παπουτσιών, κλπ.

η κομμώτρια, ο κουρέας→ το κομμωτήριο, το κουρείο

η ανθοπώλισσα, ο ανθοπώλης → το ανθοπωλείο

η τσαγκάρισσα, ο τσαγκάρης → το τσαγκάρικο

η μαγείρισσα, ο μάγειρας → το μαγειρείο

η καφετζού, ο καφετζής → το καφενείο

η παλαιοπώλισσα, ο παλαιοπώλης → το παλαιοπωλείο

η παντοπώλισσα, ο παντοπώλης → το παντοπωλείο

Γραμματική

Κλίση ουδέτερων ουσιαστικών σε -είο σε ενικό και πληθυντικό αριθμό:

το φαρμακείο	τα φαρμακεία
του φαρμακείου	των φαρμακείων
το φαρμακείο	τα φαρμακεία

Άσκηση: Να γράψετε τα ουσιαστικά σε -είο στις παρακάτω προτάσεις που θα βρείτε από το λεξιλόγιο.

α. Πολύ μου αρέσει να ψάχνω για βιβλία στο καινούριο……………….. της γειτονιάς μου.

β. Ο πατέρας του Μιχάλη είναι κουρέας. Άνοιξε ένα μοντέρνο ……………… λίγο πιο κάτω από το σπίτι μας.

γ. Πρέπει επειγόντως να στείλουμε αυτό το πακέτο στην Ελλάδα. Μπορείς να πας στο …………………………….;

δ. Τα γλυκά του δικού μας …………………………….. είναι πράγματι πεντανόστιμα.

ε. Η πόλη που ζω έχει πολλά ……………………… Μα τόσοι άρρωστοι κυκλοφορούν;

στ. Στην πλατεία του γραφικού χωριού υπάρχει ένα παραδοσιακό ………………… και όλοι οι τουρίστες πίνουν εκεί τον καφέ τους.

Ενότητα 6: Γνωριμία με τον κόσμο των βιβλίων και των συγγραφέων

Ο μαγικός κόσμος των βιβλίων

Τα δυο αδέρφια συνήθιζαν να παίζουν με μια υδρόγειο σφαίρα. Καθώς τη στριφογύριζαν και τη στριφογύριζαν, με κλειστά μάτια, σημάδευαν με το δάχτυλό τους ένα σημείο. Και εάν τύχαινε το σημείο εκείνο να είναι το Πεκίνο ή η Μαδαγασκάρη ή το Μεξικό, τότε έψαχναν στις βιβλιοθήκες να βρουν βιβλία με ιστορίες για τον τόπο που διάλεξαν.

Αγαπούσαν το διάβασμα. Το χαίρονταν. Το φως στο παραθύρι τους ήταν αναμμένο ως αργά το βράδυ. Με το «φως» των βιβλίων βρέθηκαν να περπατούν στο σινικό τείχος στην Κίνα, ν' ακούν το τραγούδι του ωκεανού παρέα με τους Βίκιγκς, να ζουν δίπλα στις πυραμίδες της αρχαίας Αιγύπτου, να γλιστρούν με το έλκηθρο στις παγωμένες λίμνες συντροφιά με τους Εσκιμώους, να παίρνουν μέρος στους αγώνες της αρχαίας Ολυμπίας, να στεφανώνονται μ' ένα κλωνάρι αγριελιάς.

Όταν τα έπαιρνε ο ύπνος, τα παραμύθια, οι ιστορίες, οι θρύλοι, οι τόποι, οι συγγραφείς, οι ήρωες μπερδεύονταν στα όνειρά τους, καθώς έρχονταν να τους νανουρίσουν απαλά: Ο Αίσωπος διηγιόταν τους μύθους του στη Σεχραζάτ από το πιο ψηλό σημείο του πύργου του Άιφελ, ο Χριστόφορος Κολόμβος άκουγε τον Τομ Σόγερ να του λέει τις σκανταλιές του σ' ένα ποταμόπλοιο του Μισσισσιππή, η Αλίκη ταξίδευε στη χώρα των θαυμάτων μέσα σ' ένα έλκηθρο συντροφιά με τη Μαίρη Πόπινς, ο Άντερσεν έλεγε τα δικά του παραμύθια στην αράχνη Ανάνσε έξω από την πυραμίδα.

Το παιχνίδι με την υδρόγειο σφαίρα σε συνδυασμό με τα βιβλία διασκέδαζε αφάνταστα τα δυο αδέρφια, γιατί δεν τελείωνε ποτέ. Είχανε βρει έναν τρόπο να γίνουν θαλασσοπόροι κι εξερευνητές μέσα από τις σελίδες τους. Με το «φως» τους κατακτούσαν τον πλανήτη, ζούσαν διάφορους πολιτισμούς, διάφορες εποχές, θαύμαζαν την ποικιλία τους. Με λίγα λόγια, συναντούσαν τη ζωή στον μεγάλο κόσμο, έξω από τη μικρή τους καμαρούλα. Πετούσαν παντού, ταξίδευαν παντού, ονειρεύονταν.

Και βέβαια ξεχνούσαν να κλείσουν το φως!

– Παιδιά, πότε επιτέλους θα κοιμηθείτε; τους φώναζαν οι γονείς τους. Είναι αργά. Σβήστε το φως!

– Δεν μπορούμε, τους απαντούσαν. Το «φως» των βιβλίων δε σβήνει ποτέ.

(Αγγελική Βαρελλά, περιοδικό «Ερευνητές», *Η Καθημερινή*, 3/4/04)

Ερωτήσεις

1. Πώς ταξίδευαν τα παιδιά μέσα από τα βιβλία; Για ποιο λόγο είναι σημαντικά τα βιβλία;

2. Τι σημαίνει η φράση «Το «φως» των βιβλίων δε σβήνει ποτέ»;

3. Διαβάζετε βιβλία και αν ναι, τι σας αρέσει περισσότερο να διαβάζετε;

4. Να γράψετε τι δείχνουν τα παρακάτω ρήματα (τώρα, χθες, αύριο):

σημάδευαν, βρέθηκαν, στεφανώνονται, θα κοιμηθείτε, έλεγε, απαντούσαν,

λέει, παίρνουν, σβήνει, ονειρεύονταν, μπορούμε.

Γνωριμία με το βιβλίο

Ας γνωρίσουμε κάποια βιβλία και τις ιστορίες τους…..

Ο εντεκάχρονος Πίτερ Νίμπλ είναι ορφανός και τυφλός. Όταν γεννήθηκε τον παράτησαν στη θάλασσα και κοράκια του έφαγαν τα μάτια. Αναγκάζεται να ζει ως κλέφτης χρησιμοποιώντας τις άλλες αισθήσεις του, ώσπου μια μέρα πέφτει στα χέρια του ένα κουτί με τρία ζευγάρια μαγικά μάτια. Με την εντολή να τα χρησιμοποιεί μόνο όταν τα χρειάζεται, ξεκινά ένα ταξίδι που θα καθορίσει τη μοίρα του Χαμένου Βασιλείου, αλλά και τη δική του.

Στην απομονωμένη Σκύρο μεγαλώνει ο 13χρονος Λάμπρος, γιος του ψαρά καπετάν Μανόλη και της Δέσποινας, που δεν ζει πια. Η λατρεία του για τη θάλασσα έλκει ξανά και ξανά τον Λάμπρο στο πέλαγος. Σε μια από τις καταδύσεις του βρίσκει ένα ασυνήθιστο αρχαίο άγαλμα. Το ανασύρει με τη βοήθεια του φίλου του Ταξιάρχη. Η τύχη του παράξενου αγάλματος δίνει νόημα στην ζωή του. Και όταν το άγαλμα εξαφανίζεται μυστηριωδώς, όλα τα ενδεχόμενα είναι ανοιχτά...

ΕΥ-ΠΟ; ΛΥ-ΠΟ; είναι η συνθηματική ερώτηση που ανταλλάσσουν μεταξύ τους η Μέλια και η Μυρτώ λίγο πριν κοιμηθούν. Δυο μικρές αδερφές που ζουν σ' ένα νησί του Αιγαίου το 1936 ακούνε τον παππού τους να τους μιλάει ώρες ατέλειωτες για τους «αρχαίους» του, ανυπομονούν να ανταμώσουν με τους φίλους και τις φίλες τους από τα τσαρδάκια σαν έρχεται το καλοκαίρι, μα πάνω απ' όλα τρελαίνονται με τις μαγικές ιστορίες του καπλανιού που τους διηγείται ο ξάδερφός τους ο Νίκος, φοιτητής από την Αθήνα. Το καπλάνι, όπως το λένε στο νησί, ένας βαλσαμωμένος τίγρης, που βρίσκεται κλειδωμένο μέσα στη βιτρίνα της μεγάλης σάλας του σπιτιού, πότε κοιτάει με το γαλάζιο και πότε με το μαύρο του μάτι, ανάλογα με τη διάθεσή του. Τι συμβαίνει μια ζεστή μέρα του Αυγούστου που αναστατώνει τη ζωή των κοριτσιών και των δικών τους; Ποιος μπορεί να θέλει να βλάψει το καπλάνι;

(πηγές εικόνων και περιλήψεις, www.metaixmio.gr)

Εργασία

Αφού δείτε τα εξώφυλλα των βιβλίων και διαβάσετε τις περιλήψεις, να γράψετε ποιο από αυτά θα θέλατε να διαβάσετε και γιατί. Τι σας εντυπωσίασε περισσότερο (π.χ. ο τίτλος, η ιστορία);

<u>Χρήσιμες λέξεις για ένα βιβλίο</u>

συγγραφέας	έκδοση
τίτλος	εκδοτικός οίκος
υπόθεση	κατηγορία βιβλίου (π.χ. φαντασίας, ιστορικό)

Φτιάχνω το δικό μου εξώφυλλο

Ζωγραφίστε το εξώφυλλο του δικού σας βιβλίου και γράψτε τον τίτλο που θα δίνατε στην ιστορία σας. Στη συνέχεια δείξτε το μέσα στην τάξη και μιλήστε με περισσότερες λεπτομέρειες γι' αυτό.

Πώς φτιάχνεται ένα βιβλίο;

Όλοι θα θέλαμε να μάθουμε πώς φτιάχνεται ένα βιβλίο. Πώς πλάθεται η ιστορία στο μυαλό μιας ή ενός συγγραφέα μέχρι να γίνει βιβλίο. Τι θα ρωτούσαμε επομένως, αν είχαμε την ευκαιρία να πάρουμε συνέντευξη από κάποιαν/κάποιον γνωστή/γνωστό συγγραφέα; Ας δούμε κάποιες ερωτήσεις μαθητριών και μαθητών.

(Οι ερωτήσεις προέρχονται από την εκδήλωση „Βιβλία και Βιβλιοφιλία“ της Έλενας Αρτζανίδου, www.filanagnosiaprogram.com.)

1. Από μικρή θέλατε να γίνετε συγγραφέας ή κάτι άλλο; Σας άρεσε να διαβάζετε διάφορα μυθιστορήματα;

Δε σκεφτόμουν από μικρή να γίνω συγγραφέας. Ήθελα όμως πάρα πολύ να κάνω μια δουλειά που ν' απευθύνεται σε νέους και σε παιδιά. Και αυτό έκανα. Διάβαζα από παιδί συνεχώς. Όχι γιατί έτσι έπρεπε, αλλά γιατί μου άρεσε πολύ. Περνούσα καλά διαβάζοντας. Και κάποια μέρα, είχα μεγαλώσει πια, ήρθε η πρώτη ιστορία και με βρήκε. Πήγε και στάθηκε στην άκρη του μολυβιού μου. Και περίμενε. Ε, κι εγώ, τι να κάνω κι εγώ, κάθισα και την έγραψα. (**Χριστίνα Φραγκεσκάκη**)

2. Όταν ήσαστε μικρή διαβάζετε παραμύθια;

Ναι, από μικρή ήμουν, αυτό που λένε για όσους διαβάζουν πολύ, "βιβλιοφάγος". Διάβαζα παραμύθια και ιστορίες, και με τα μάτια της φαντασίας μου, οι λέξεις γίνονταν εικόνες. (**Όλγα Κοτσιρέα**)

3. Γιατί οι ήρωες του βιβλίου σας είναι αρκουδάκια; Γιατί δεν τους κάνατε ανθρώπους, για να σώσουν εύκολα το πουλί;

Μου αρέσει πολύ να γράφω ιστορίες με παιδιά, επειδή τα αγαπώ πολύ, όπως και ιστορίες με ζωάκια, επειδή κι αυτά τα αγαπώ πολύ. Εδώ ήθελα ζωάκια, επειδή οι 3 φίλοι ζουν την περιπέτεια αυτή στο δάσος. Οι γονείς δεν θ' άφηναν εύκολα 3 παιδιά μόνα τους να γυρίζουν στο δάσος. (**Ράνια Μπουμπουρή**)

Εργασία

Ο Αίσωπος (625-560 π.Χ.) είναι ο μεγαλύτερος μυθοποιός της αρχαιότητας, ο οποίος έγραψε μύθους με διδακτικό περιεχόμενο. Πρωταγωνιστές στους μύθους του είναι ζώα (λιοντάρι, κατσίκα, ποντίκι, χελώνα, κλπ.). Πολύ γνωστοί μύθοι του είναι „Ο λαγός και η χελώνα", „Το λιοντάρι και το ποντίκι", κ.ά. Φανταστείτε πως έχετε την ευκαιρία να συναντήσετε τον Αίσωπο και να τον ρωτήσετε ό,τι θέλετε. Ετοιμάστε τις ερωτήσεις σας και διαβάστε τις στην τάξη. Προτού τις ετοιμάσετε, διαβάστε κάποιους μύθους του Αισώπου, ώστε να είστε προετοιμασμένες/οι κατάλληλα.

Παιχνίδι ρόλων

Με τη διπλανή/το διπλανό σας κάνετε συζήτηση σχετικά με το βιβλίο. Μία/ένας από εσάς είναι η/ο δημοσιογράφος και η/ο άλλη/ος η/ο συγγραφέας. Κάντε το διάλογο.

Άσκηση

Ενώστε την κατηγορία του βιβλίου με τον τίτλο του.

ιστορικό   Το λυχνάρι του Αλαντίν

φαντασίας   Σπάιντερμαν

κόμικ   Οι ήρωες του 1821

κοινωνικό   Το φάντασμα του σχολείου

παραμύθι   Χάρι Πότερ

περιπέτεια   Πώς μπορείς να αλλάξεις τον κόσμο

Γραμματική

Κλίση θηλυκών ουσιαστικών ουσιαστικών σε -α, -ος, -ού

η μητέρα	η δικηγόρος	η αλεπού
της μητέρας	της δικηγόρου	της αλεπούς
τη (ν) μητέρα	τη (ν) δικηγόρο	την αλεπού
- μητέρα	- δικηγόρε	- αλεπού

οι μητέρες	οι δικηγόροι	οι αλεπούδες
των μητέρων	των δικηγόρων	των αλεπούδων
τις μητέρες	τις δικηγόρους	τις αλεπούδες
- μητέρες	- δικηγόροι	- αλεπούδες

* Προσοχή! Τα ουσιαστικά σε -α, όπως **η γιαγιά**, **η μαμά**, **η κυρά** στον πληθυντικό σχηματίζονται ως εξής: **οι γιαγιάδες**, **οι μαμάδες**, **οι κυράδες**.

Ασκήσεις

1. Να συμπληρώσετε το ουσιαστικό στο σωστό τύπο.

α. Μέσα στην καυτή ………….. (άμμος) περπατούσανε για πολλές ώρες.

β. Μου αρέσουν πολύ τα κύματα της ……………… (θάλασσα).

γ. Μία έκθεση αποτελείται από πολλές ………………….. (παράγραφος).

δ. Με την ……………….. (ψήφος) τους στήριξαν την επανεκλογή της κυβέρνησης.

ε. Στον ζωολογικό κήπο υπήρχε ειδικός χώρος για τις ……………… (μαϊμού).

στ. Με τις συνεχείς …………….. (απεργία) των λεωφορείων έφτανε στη δουλειά της με καθυστέρηση.

ζ. Απολαύσαμε τη θεατρική παράσταση με την αγαπημένη μας ………………….. (ηθοποιός).

η. Στην .... (οδός) Αισχύλου παρακαλώ να με αφήσετε.

2. Να σχηματίσετε τα παρακάτω ζευγάρια σε φράσεις με την ονομαστική και γενική ενικού ή πληθυντικού, π.χ. η είσοδος – η πολυκατοικία → η είσοδος της πολυκατοικίας, οι είσοδοι των πολυκατοικιών.

η πρόβα – η ηθοποιός

η σκάλα – η πολυκατοικία

η ελπίδα – η μητέρα

η χαρά – η αλεπού

η σημαία – η πατρίδα

η δουλειά – η γυναίκα

η ψήφος – η γυναίκα

η άμμος – η παραλία

3. Να τονίσετε σωστά τα παρακάτω ουσιαστικά.

της περιοδου, της προοδου, των μαμαδων, τις γιαγιαδες, της χαρας, την αγορα, τις απεργιες, τις πλατειες, οι δυνατοτητες, οι ποσοτητες, των ενοτητων, της βασιλισσας, της ορχηστρας, των ελπιδων, την πατριδα, της εισοδου, τις μεθοδους.

Ενότητα 7: Η αγάπη για τη φύση και τα ζώα

Γιάννης Ρίτσος

Τραγουδάκια του Φωτούλη

Χορτάρι, χορταράκι, με το σύννεφο και το σπουργίτι.

Το μεσημέρι οι τρυγητές κοιμήθηκαν στον ίσκιο της Αγια-Μαρίνας.

Έμειναν μόνα τα σταφύλια, τα καλάθια, το ποτάμι. Ένα τζιτζίκι κουβεντιάζει με το μοσκαράκι.

Εγώ είμαι ένα μικρό παιδί και τα χρυσά κουμπιά μου κουδουνίζουν

κι αν είχα δυο γαλάζια πέδιλα θα παντρευόμουνα τη λεύκα

κι αν είχα ένα άσπρο γαϊδουράκι – αχού, ποιος θα με κράταγε;

ούτε το φίδι ούτε η χελώνα ούτε του κάβουρα η δαγκάνα

ούτε η παμπόνηρη σκιά της γάτας, νύχτα με φεγγάρι,

ούτε κι ο διπλοπράσινος φακός της μπρος στον αχερώνα.

Σύννεφο τριαντάφυλλο, σύννεφο αμαξόπουλο. Οι φραγκοσυκιές με κατατρύπησαν. Κάθουμαι και τρώω χρυσά φραγκόσυκα. Το κοτσύφι μ' είδε και με ζήλεψε. Του 'δωσα φραγκόσυκα· τα φτερά του μου 'δωσε. Τώρα κείνο κάθεται και μασάει στην πέτρα μου· κι εγώ από δω πάνου, από το σύννεφο σας πετώ φλουριά κι αμυγδαλόψυχες.

Χτες μου χάρισαν οι χωριανοί μια κότα. Σήμερα μου γέννησε ένα αυγό. Τ' άσπρο και το κίτρινο θε να το φάω, και το τσόφλι τρούλο θα το βάλω σε μιαν εκκλησούλα ασβεστωμένη.

(Ανθολόγιο Λογοτεχνικών Κειμένων, Ε΄ & ΣΤ΄ Τάξη Δημοτικού)

Ερωτήσεις

1. Μέσα από τα τρία ποιηματάκια να βρείτε λέξεις που να δείχνουν τη φύση και τα ζώα. Να τις γράψετε στο τετράδιό σας.

2. Προσπαθήστε να δώσετε εικόνα σε ένα από τα τρία ποιήματα.

3. Ποιο από τα ποιήματα σας άρεσε περισσότερο και γιατί;

Σχεδιάζω και μαθαίνω

 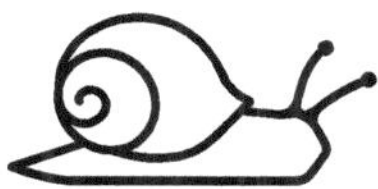 

1. Χρωματίστε και ονοματίστε το καθένα από τα παραπάνω ζώα. Επίσης, να γράψετε ποια ζουν στη στεριά, στον αέρα και στο νερό. Με τι τρέφονται τα παραπάνω ζώα και ποια από αυτά θεωρούνται επικίνδυνα για τον άνθρωπο;

2. Σας αρέσει που βλέπετε τα ζώα κλεισμένα σε έναν ζωολογικό κήπο ή σε ένα τσίρκο; Γράψτε τη γνώμη σας σε μία μικρή παράγραφο.

Αγαπώ και προστατεύω τη φύση

Εργασία με παραγωγή γραπτού λόγου

Ζωγραφίστε στο δέντρο τα φύλλα και τις ρίζες του. Χρωματίστε τα φύλλα με διαφορετικά χρώματα και γράψτε στο καθένα τους λόγους που η φύση μας καταστρέφεται. Στις ρίζες να γράψετε τι μπορούμε να κάνουμε για να εμποδίσουμε αυτή την καταστροφή. Στη συνέχεια όλα αυτά που σημειώσατε να τα γράψετε σε ένα κείμενο.

Άσκηση

Να κάνετε την αντιστοίχιση στην παρακάτω άσκηση.

πλημμύρες   η έλλειψη βροχής

έντονες βροχοπτώσεις   ανεβαίνει η θερμοκρασία

σεισμοί   πλαστικά στη θάλασσα

ξηρασία   ο καιρός έχει αλλάξει

υπερθέρμανση πλανήτη   υπερβολική βροχή

σκουπίδια   η γη κουνιέται

κλιματική αλλαγή   βρέχει συνέχεια

Τι καιρό θα έχει σήμερα;

Προσπαθήστε να ενώσετε τις εικόνες με τον καιρό.

χιονόπτωση

ήλιος με συννεφιά

ηλιοφάνεια

βροχόπτωση

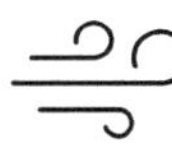

καταιγίδες

ομίχλη

αέρας

Δημιουργώ τη δική μου διαφημιστική εκστρατεία για το περιβάλλον

Ζωγραφίστε την παρακάτω αφίσα και προσπαθήστε να ευαισθητοποιήσετε τις συμμαθήτριες και τους συμμαθητές σας για την προστασία του περιβάλλοντος.

Γραμματική

Επιρρήματα και είδη τους

Τα επιρρήματα δεν κλίνονται και αναφέρονται κυρίως στο ρήμα. Δηλώνουν χρόνο, τρόπο, τόπο, κ.ά.

Τα **τοπικά** επιρρήματα δηλώνουν τόπο και απαντούν στην ερώτηση **πού**; Τοπικά επιρρήματα είναι τα: αλλού, δίπλα, εδώ, εκεί, εμπρός, εντός, έξω, κάτω, μέσα, παντού, πάνω, πίσω, πουθενά κ.ά.

Τα **χρονικά** επιρρήματα δηλώνουν χρόνο και απαντούν στην ερώτηση **πότε**; Χρονικά επιρρήματα είναι τα: αμέσως, αργά, αύριο, γρήγορα, διαρκώς, έπειτα, μόλις, πέρυσι, ποτέ, σήμερα, τότε, τώρα, χθες, φέτος κ.ά.

Τα **τροπικά** επιρρήματα δηλώνουν τρόπο και απαντούν στην ερώτηση **πώς**; Τροπικά επιρρήματα είναι τα: αλλιώς, διαρκώς, ειλικρινά / ειλικρινώς, έτσι, ευθέως, ευχάριστα / ευχαρίστως, καλά / καλώς, κακώς, μαζί, μόνο, πάντως, σιγά κ.ά.

Τα **ποσοτικά** επιρρήματα δηλώνουν ποσότητα και απαντούν στην ερώτηση **πόσο**; Ποσοτικά επιρρήματα είναι τα: αρκετά, λίγο, περίπου, πολύ, τόσο κ.ά.

Άλλα επιρρήματα που δείχνουν βεβαιότητα είναι τα **ναι, βέβαια, μάλιστα**. Επίσης δισταγμό δείχνουν τα **ίσως, πιθανόν, άραγε**. Άρνηση δείχνουν τα **όχι, να μη(ν), δε(ν)**.

Άσκηση

Να κυκλώσετε το σωστό επίρρημα στις παρακάτω προτάσεις.

α. Μου μιλούσε **συνεχώς/σιγά** για τα προβλήματά της.

β. **Ευχάριστα/ευχαρίστως** θα έρθουμε στη γιορτή.

γ. Ο σκιτσογράφος ζωγράφισε **τέλεια/τελείως** τα χαρακτηριστικά του προσώπου του.

δ. Θα έρθουμε **άμεσα/αμέσως**!

ε. **Καλώς/καλά** ορίσατε στο νησί μας. Να περάσετε **καλώς/καλά**.

στ. Και **βέβαια/μάλιστα** θα είμαστε παρόντες στην ψηφοφορία.

ζ. **Σήμερα/χθες** θα πάμε για φαγητό.

η. **Κάτω/πουθενά** δε βρήκα το παντελόνι μου. Έψαξα **πάντοτε/παντού**.

θ. Το μόνο που **απλά/απλώς** θέλω να σου πω είναι ότι συμφωνώ **απολύτως/ευθέως** μαζί σου.

ι. Φέτος το καλοκαίρι θα πάμε **αλλού/αλλιώς** διακοπές.

ια. Έλα **μαζί/χώρια** μου στην παραλία.

ιβ. **Αρκετά/πόσο** θέλω να διαβάσω αυτό το βιβλίο!

ιγ. **Άραγε/πιθανόν** να έρθω το απόγευμα.

Παραθετικά επιρρημάτων

Τα επιρρήματα σχηματίζουν παραθετικά όπως ακριβώς και τα επίθετα. Οι βαθμοί των επιρρημάτων είναι ο θετικός, ο συγκριτικός και ο υπερθετικός. Σχηματίζονται μονολεκτικά, π.χ. **ωραία**, **ωραιότερα**, **ωραιότατα**, μπορούν όμως να σχηματιστούν και περιφραστικά, όπως: **ωραία**, **πιο ωραία**, **πάρα πολύ ωραία**.

Άσκηση

Να σχηματίσετε τα παραθετικά των επιρρημάτων στις παρακάτω προτάσεις μονολεκτικά ή περιφραστικά.

α. Νομίζω πως είναι .... (καλά) να πάμε στο θέατρο παρά στο σινεμά.

β. Να μας βάλετε .... (μπροστά) σας παρακαλώ.

γ. Ελάτε λίγο .... (νωρίς) στο γραφείο αύριο.

δ. Όλα κοστίζουν .... (ακριβά) από πέρυσι.

ε. Περάσαμε .... (ωραία) στην εκδρομή.

στ. .... (πολύ) μου αρέσουν τα μακαρόνια από τις τηγανητές πατάτες.

ζ. Γράφε .... (απλά) παρά πολύπλοκα.

η. Πέτα την μπάλα .... (ψηλά)!

θ. Να έρχεστε .... (γρήγορα) μέσα!

Προσπαθήστε να περιγράψετε τις εικόνες σκεπτόμενοι μία φανταστική ιστορία. Ποιος είναι ο χώρος; Ποιοι οι πρωταγωνιστές;

(πηγή εικόνων, www.pixabay.com)

Η φανταστική ιστορία μου (ή παραμύθι)

Για να γράψουμε ένα δικό μας παραμύθι ή μία φανταστική ιστορία, θα πρέπει να έχει αρχή, μέση και τέλος. Για να δούμε τα βήματα με τη δική σας βοήθεια!

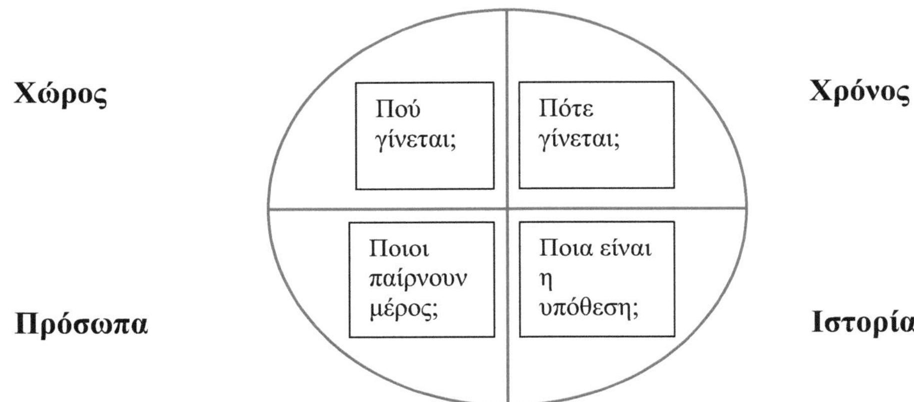

Χώρος

Πού συμβαίνουν τα γεγονότα; Σε μια φανταστική χώρα; Σε έναν πύργο; Σε ένα δάσος;

Χρόνος

Σε ποιο χρόνο συνέβη; Στα παλιά τα χρόνια, μια φορά και έναν καιρό, ήταν κάποτε…

Πρωταγωνιστές-Ήρωες

Οι ήρωες είναι άνθρωποι, ζώα, φανταστικά πλάσματα, φυτά, αντικείμενα;

√ Τι προσέχω;

- Χρησιμοποιώ παρελθοντικούς χρόνους (ήταν, συνέβη, έγινε..)
- Χρησιμοποιώ κυρίως χρονικούς προσδιορισμούς και προτάσεις: νωρίς, αργότερα, στη συνέχεια, κατόπιν, ύστερα, μετά από λίγο, όταν ξεκινήσαμε, καθώς περπατούσα, ενώ έφευγα, κλπ.

Εργασία

Γράφω τη δική μου ιστορία

1. Τίτλος

2. Πού;

3. Πότε;

4. Ήρωες; Ποιοι πρωταγωνιστούν;

5. Πώς ξεκινά η ιστορία;

6. Πώς συνεχίζεται; Ποια τα προβλήματα;

7. Ποιες οι λύσεις;

8. Πώς τελειώνει;

Ένα φανταστικό ταξίδι στο Διάστημα

Ο εντεκάχρονος Γιώργος Κρήτος από τη Θεσσαλονίκη έγραψε μια έκθεση με θέμα ένα ταξίδι στα αστέρια, σύμφωνα με την οποία ήθελε να ξεφύγει αυτός και οι συμμαθητές του από την καθημερινή ρουτίνα του σχολείου.

«Ήταν Κυριακή πρωί. Εγώ και η παρέα μου θέλαμε να κάνουμε κάτι που θα μας βοηθούσε να ξεφύγουμε απ' την ανιαρή καθημερινή ρουτίνα. Θα πηγαίναμε στον Άρη! Έτσι, αρχίσαμε να σκεφτόμαστε το πώς…

Μετά από ολόκληρες μέρες αρχίσαμε να κατασκευάζουμε και να μετατρέπουμε ένα παλιό τιρκουάζ αμάξι με ένα παράξενο σχήμα κάπως σαν σκαθάρι. Του εγκαταστήσαμε δύο πελώριους πυραύλους στα πλαϊνά και μετατρέψαμε το εσωτερικό του σαν έναν πύραυλο. Βάλαμε κουμπάκια παντού, έναν παράξενο ασύρματο και ένα τεράστιο κόκκινο κουμπί που άμα το πατούσαμε θα το έκανε να πάει όσο πιο γρήγορα μπορεί για επείγουσες καταστάσεις.

Αργότερα την ίδια χρονιά πήγαμε σε ένα έρημο μέρος και εκτοξευτήκαμε στην στρατόσφαιρα. Το ταξίδι διήρκεσε έξι τεράστιους μήνες! Προσγειωθήκαμε στον ερυθρό πλανήτη ζωντανοί! Το τοπίο ήταν εξωπραγματικό! Σου κοβόταν η ανάσα! Κόκκινα βουνά, τεράστιες ερημωμένες εκτάσεις και εξωγήινοι παντού γύρω μας.

Κατευθείαν αντικρίσαμε κάτι μικρόσωμα πράσινα πλάσματα με οκτώ μάτια! Είχαν πλοκάμια σαν οκταπόδια και τα χέρια τους είχαν διαφορετικό μέγεθος! Αυτά τα πλάσματα μάς περικύκλωσαν και σήκωσαν ένα τεράστιο σύννεφο σκόνης στον αέρα. Προσπαθούσαν να μας πουν κάτι, αλλά ως άνθρωποι δεν καταλαβαίναμε τίποτα! Για καλή μας τύχη μαζί μας είχαμε φέρει έναν "μεταφραστή εξωγήινων" και έτσι μπορούσαμε να επικοινωνήσουμε μαζί τους. Μας φιλοξένησαν σε ένα πολυτελές ξενοδοχείο, το "Άρτεμις". Η διαμονή μας σε αυτό ήταν υπέροχη.

Τη δεύτερη ημέρα σ' αυτόν τον παράξενο πλανήτη αναρριχηθήκαμε σε ένα ογκώδες, πελώριο βουνό ως την κορυφή! Η εμπειρία ήταν εξωπραγματική. Υπήρχαν παιδικές χαρές, εστιατόρια, εμπορικά κέντρα και ό,τι άλλο μπορείς να φανταστείς! Κατά το μεσημεράκι, μας έστρωσαν το τραπέζι στο σπίτι του δημάρχου του Άρη, τον κύριο Πολ Άντερσεν και φάγαμε τη σπεσιαλιτέ τους Μπους Κρους... Το βράδυ για διασκέδαση μάς συνόδεψαν στη ΔΙΑΣΤΗΜODISCO, όπου χορέψαμε ολονυχτίς.

Μόλις ξυπνήσαμε την επόμενη μέρα από τα παιδιά, πήγαμε για μια μικρή εκδρομή στο ντόπιο σχολείο για να δούμε πώς εκπαιδεύονταν τα παιδιά.

Μόλις πατήσαμε το πόδι μας εκεί μέσα, ένας ολόκληρος νέος τεχνολογικός κόσμος άνοιξε μπροστά στα μάτια μας!

Αντί για παραδοσιακά βιβλία είχαν μια επιφάνεια από γυαλί που όταν πατούσαν ένα κουμπί, το περιεχόμενο με τη βοήθεια λέιζερ εμφανιζόταν στον αέρα. Στο διάλειμμα βγήκαν στην αυλή και κάθονταν ακίνητοι μέχρι να τελειώσει. Αναρωτιόμουν τι έκαναν και ρώτησα τον δάσκαλο. Τελικά όσο μένουν ακίνητοι φορτίζονται με ηλιακή ενέργεια σαν να έπαιζαν!

Την τελευταία μας ημέρα στον πλανήτη αυτόν αποχαιρετήσαμε τους νέους μας φίλους και τους δώσαμε κάτι μικρά γήινα σουβενίρ και αυτοί σε ανταπόδοση μάς δώρισαν το "κλειδί της πόλης". Θα ήθελα να ξαναβρεθούμε σε αυτόν τον πλανήτη, αλλά μόνο για ταξίδι. Περάσαμε πολύ ωραία εκεί! Τελικά άξιζε το ταξίδι αυτό...».

(Σταύρος Τζίμας, Εφημερίδα «Η Καθημερινή».
14.04.21.www.kathimerini.gr)

Ερωτήσεις

1. Σας άρεσε η ιστορία του Γιώργου και γιατί;

2. Πιστεύετε πως ο συγκεκριμένος μαθητής παρακολουθεί συχνά ταινίες σχετικές με τον κόσμο του διαστήματος;

3. Γιατί στο τέλος γράφει πως τελικά άξιζε το ταξίδι;

4. Να βρείτε μέσα από το κείμενο εικόνες από το ταξίδι του Γιώργου και να τις γράψετε στο τετράδιό σας.

Λαϊκά παραμύθια με διδακτικό χαρακτήρα

Ο άνθρωπος, το άλογο και ο σκύλος (Πάουλο Κοέλιο, Βραζιλία)

Ένας άνθρωπος, το άλογό του και ο σκύλος του, περπατούσαν σε ένα δρόμο. Ξαφνικά έπιασε μία δυνατή βροχή και έτρεξαν να κρυφτούν κάτω από ένα μεγάλο δέντρο. Τότε τους χτύπησε ένας κεραυνός και έχασαν τις ζωές τους. Δεν αντιλήφθηκαν όμως ότι είχαν περάσει στον άλλο κόσμο και θεώρησαν ότι σταμάτησε η βροχή, οπότε μπορούσαν να συνεχίσουν την πεζοπορία τους. Ο δρόμος ήταν ανηφορικός, ο ήλιος έκαιγε και οι τρεις είχαν διψάσει πολύ. Μέχρι που συνάντησαν μία τεράστια πύλη που οδηγούσε σε ένα υπέροχο μέρος.

Ο άνθρωπος ρώτησε το φύλακα της πύλης ποιο ήταν αυτό το μέρος και ο φύλακας απάντησε πως ήταν ο παράδεισος. Ο άνθρωπος ρώτησε και πάλι, αν θα μπορούσαν να ξαποστάσουν και να πιουν λίγο νερό. Τότε ο φύλακας του απάντησε πως ο άνθρωπος μπορεί, τα ζώα όχι. Ο άνθρωπος, όσο και αν διψούσε, δε μπορούσε να αφήσει τους φίλους του. Χαιρέτισε και έφυγε.

Βρέθηκε σε ένα μονοπάτι ακόμα πιο όμορφο που τον οδήγησε σε μία πύλη που όμοια δεν είχε ξαναδεί. Ένας πανέμορφος τόπος! Πλησίασε τον φύλακα της πύλης και τον ρώτησε αν θα μπορούσαν να ξεδιψάσουν κάπου και ο φύλακας τους οδήγησε σε μία πηγή. Ήπιαν αρκετό νερό και αφού ξεδίψασαν, ο άνθρωπος ρώτησε το φύλακα πως λέγεται αυτό το μέρος και ο φύλακας απάντησε πως είναι ο παράδεισος. Ο άνθρωπος απορημένος του είπε πως και στην άλλη πύλη που ρώτησε, πάλι ο παράδεισος είπαν ότι είναι. Και ο φύλακας απάντησε «Όχι, εκεί ήταν η κόλαση. Εκεί μένουν όλοι αυτοί που είναι ικανοί να εγκαταλείψουν απλόχερα τους φίλους τους μόνο για τη δική τους ευχαρίστηση».

Ο Βασιλιάς και το αλάτι (Λιβυκό Λαϊκό Παραμύθι)

Ήταν κάποτε ένας βασιλιάς που ρώτησε τις τρεις κόρες του πόσο τον αγαπούν. Η μεγαλύτερη απάντησε όσο το χρυσάφι, η μεσαία όσο τον ήλιο και το φεγγάρι ενώ η μικρότερη όσο το αλάτι. Ο βασιλιάς έγινε έξαλλος με την τρίτη του κόρη καθώς πίστευε πως το μέγεθος της αγάπης της κόρης του ήταν ασήμαντο. Την έδιωξε από το παλάτι λέγοντάς της πως δε θέλει να την ξαναδεί.

Η κοπέλα περιπλανήθηκε για χρόνια με μεγάλο παράπονο που τόσο άδικα την έδιωξε ο πατέρας της. Ένας πρίγκιπας που την είδε την ερωτεύτηκε και την παντρεύτηκε. Μετά από πολλά χρόνια έμαθε πως, στο δικό της βασίλειο, θα έδιναν γεύμα προς τιμήν του πατέρα της.

Διέταξε όλα τα φαγητά που θα σερβιριστούν να είναι ανάλατα και να μη δοθεί αλάτι, όσο και αν ζητήσουν.

Όταν ο πατέρας της άρχισε να τρώει, πέταξε θυμωμένος το κουτάλι και είπε πως είναι όλα άνοστα. Ζήτησε να του δώσουν αλάτι. Αρνήθηκαν και θύμωσε ακόμα πιο πολύ. «Θα φύγω», φώναζε, «αφού δε μπορείτε να μου δώσετε κάτι τόσο σημαντικό όσο το αλάτι». Και τότε, η κοπέλα απάντησε, «μα εσείς κάποτε διώξετε την κόρη σας επειδή σας είπε πως σας αγαπάει σαν το αλάτι». Ο βασιλιάς την αναγνώρισε και έπεσε στα πόδια της με κλάματα παρακαλώντας να τον συγχωρέσει. Η κοπέλα τον συγχώρεσε. Του τόνισε πως από δω και πέρα δεν πρέπει να υποτιμάει τα απλά πράγματα στη ζωή, όπως είναι το αλάτι.

Ο ψεύτης βοσκός (Αίσωπος)

Ήταν κάποτε ένας βοσκός που είχε ένα κοπάδι με αρκετά πρόβατα και ένα μαντρί έξω από το χωριό του. Κάθε πρωί, οδηγούσε τα πρόβατα σε ένα καταπράσινο λόφο κοντά στο μαντρί και τα άφηνε να βοσκήσουν με την ησυχία τους.

Συνήθως περνούσε την ώρα του παίζοντας την φλογέρα του, αλλά να που μία μέρα την ξέχασε στο μαντρί. Μην έχοντας τι να κάνει, σκέφτηκε να σκαρώσει μία φάρσα στους συγχωριανούς του. Ανέβηκε λοιπόν σε ένα βράχο και άρχισε να φωνάζει προς την κατεύθυνση του χωριού: Βοήθεια συγχωριανοί. Λύκοι τρων τα πρόβατα μου. Τρέξτε. Βοήθεια!

Οι άντρες του χωριού άρπαξαν ό,τι βρήκαν μπροστά τους και έτρεξαν να βοηθήσουν τον βοσκό, που μόλις τους είδε άρχισε να γελάει με το πάθημα τους.

Ο βοσκός, όπως φαίνεται, βρήκε πολύ αστείο αυτό που έκανε, αφού το επανέλαβε κάνα δυο φορές ακόμα και κάθε φορά οι συγχωριανοί του έτρεχαν να τον βοηθήσουν.

Βοήθεια συγχωριανοί. Λύκοι τρων τα πρόβατα μου. Τρέξτε. Βοήθεια!

Κανείς όμως δεν πήγε να τον βοηθήσει αφού όλοι νόμιζαν ότι για άλλη μια οορά ήθελε να γελάσει μαζί τους.

Εκείνη την φορά οι μόνοι που γέλασαν ήταν οι λύκοι. Βρήκαν πρώτης τάξεως οαγητό και το έφαγαν με την ησυχία τους. Μόνο ένας άνθρωπος εκεί κοντά κάτι φώναζε, αλλά όπως είναι γνωστό οι λύκοι δε γνωρίζουν την ανθρώπινη γλώσσα για να καταλάβουν τι έλεγε και έτσι συνέχισαν ανενόχλητοι το φαγητό τους.

Ερωτήσεις

1. Πώς καταλαβαίνετε το δίδαγμα σε κάθε παραμύθι; Τι μαθαίνουμε από αυτό;

2. Ποια από τις τρεις ιστορίες σας άρεσε περισσότερο και γιατί;

3. Προσπαθήστε να ζωγραφίσετε όποιο από τα τρία παραμύθια μπορείτε.

4. Με τη βοήθεια του διαδικτύου να ψάξετε παραμύθια με παρόμοιο διδακτικό χαρακτήρα.

Συντακτικό

Τα σημεία στίξης και η χρήση τους

Τα σημεία στίξης είναι:

α. η τελεία .   Θα πάμε βόλτα.

β. η διπλή τελεία ή άνω και κάτω τελεία :   μας είπε το εξής:

γ. η άνω τελεία ·   αυτό δεν είναι καφές· είναι κακάο

δ. τα εισαγωγικά « »   «έλα», μου είπε η Μαρία.

ε. το κόμμα ,   χρειάζομαι αβγά, πατάτες, κρέας, μήλα κλπ.

στ. το ερωτηματικό ;   Τι κάνεις;

ζ. το θαυμαστικό !   Τι ωραία περάσαμε!

η. το ενωτικό -   εδώ χωρίζουμε τις λέξεις στην επόμενη σειρά

θ. οι παρενθέσεις ( )   Οι χώρες αυτές (Αγγλία, Γερμανία) είναι…

ι. η παύλα –   χρησιμοποιείται σε διάλογο

ια. η διπλή παύλα – –   Ο Πέτρος -ελπίζω- να έρθει σήμερα

ιβ. τα αποσιωπητικά …   Μακάρι να ερχόσουν……….

Πότε μπαίνει κόμμα

- Χωρίζουμε λέξεις ασύνδετες.
  Παράδειγμα → Αγόρασα μήλα, πορτοκάλια, αχλάδια, κλπ.

- Χωρίζουμε όμοιες προτάσεις.
  Παράδειγμα → Φύγαμε από το σπίτι, προχωρήσαμε λίγο και φτάσαμε στην αγορά.

- Όταν φωνάζουμε κάποιον ή ρωτάμε κάτι.
  Παράδειγμα → Μαρία, έλα σε παρακαλώ. Πέτρο, γιατί φωνάζεις;

- Βάζουμε κόμμα μετά το όχι, ναι, παρόλα αυτά, κλπ.
  Παράδειγμα → Όχι, μην έρχεσαι. Ναι, πάμε.

- Πριν από τις λέξεις αλλά, όμως, ενώ, ωστόσο, παρόλο, μα, κλπ.
  Παράδειγμα → Μου το ανέφερε, αλλά το ξέχασα.
  Ήθελα να το αγοράσω, όμως δεν είχα χρήματα.

- Όταν η πρόταση λειτουργεί σαν παρένθεση.
  Παράδειγμα → Η γραμματική, τόνισε η δασκάλα, είναι σημαντική.

- Πριν και μετά τις επιρρηματικές προτάσεις που δηλώνουν αιτία, συμπέρασμα, χρόνο, υπόθεση, εναντίωση, κ.ά. Κάποιοι σύνδεσμοι πριν από τους οποίους μπαίνει κόμμα είναι: γιατί, ενώ, όταν, ενώ, αν, αφού, ώστε, αν και, και αν, κλπ.

  Παράδειγμα → Έφυγε, γιατί κουράστηκε.

  Αν θέλεις, πέρνα από το σπίτι

  Αν και ήταν ακριβό, το αγόρασε

- Σε ορισμένες περιπτώσεις με αναφορικά επιρρήματα και αντωνυμίες.

  Παράδειγμα → Το βιβλίο, το οποίο διάβαζε, μου ήταν άγνωστο

  Πήγα στο πάρκο, όπου θα έβρισκα τους φίλους μου

Πότε δεν μπαίνει κόμμα

- Πριν από το να, ή όταν η επόμενη πρόταση είναι αντικείμενο στο ρήμα.

  Παράδειγμα → Θέλω να φύγεις

  Με ρώτησε αν πεινάω

  Φοβάμαι μήπως αποτύχω

- Κατά κανόνα δε βάζουμε κόμμα πριν από το **και**, αλλά υπάρχουν οι παρακάτω εξαιρέσεις.

  α) Σε πρόταση που ακολουθεί το αν και: Τον συγχώρεσε, και αν ακόμη της έλεγε ψέματα.

β) Όταν παρεμβάλλεται δευτερεύουσα πρόταση: Πήγα στο γραφείο, όταν τελείωσα, και συνέχισα να εργάζομαι στον υπολογιστή.
γ) Όταν μιλάμε σε κάποιον και οι προτάσεις δε συνδέονται μεταξύ τους: Μίλα, και θα σε ακούσω.

Άσκηση

Βάλτε τα κόμματα όπου χρειάζεται (15 στο σύνολο).

1. Πέτρο φέρε σε παρακαλώ το βιβλίο της Γλώσσας το τετράδιο κι ένα μολύβι.

2. Όταν θα πας στην κουζίνα φέρε μου λίγο νερό.

3. Θα αργήσω να έρθω γιατί πρέπει να πλύνω το αυτοκίνητο να βάλω βενζίνη και να φουσκώσω τα λάστιχα.

4. Περπατούσε αμέριμνος χαζεύοντας τα νεόκτιστα σπίτια που αντικατέστησαν τα παλιά χαμόσπιτα.

5. Σε παρακαλώ Γιώργο ρώτησε αν θα έρθει η κυρα-Λένη η καθαρίστρια.

6. Όλοι μαζί τραγουδήσαμε χορέψαμε διασκεδάσαμε και γελάσαμε.

7. Όχι δε θα έρθω μαζί σας στο σπίτι του θείου.

8. Δε γίνεται τίποτα άλλο παρά να ακολουθήσουμε κι εμείς όλον αυτό τον κόσμο.

9. «Την επόμενη φορά μου φώναξε απ' το παραθύρι να φέρεις και τον Ερμή μαζί σου».

(Αντλήθηκε από: www.users.sch.gr)

Άσκηση

Να βάλετε στις παρακάτω προτάσεις τα σημεία στίξης.

α. Αχ Τι ωραία περάσαμε

β. Θα πάμε για φαγητό Μαρία

   Και βέβαια θα πάμε

γ. Οι μεγαλύτερες ελληνικές πόλεις είναι Αθήνα Θεσσαλονίκη Λάρισα

δ. Η Αλεξάνδρα μια και λέμε γι' αυτήν δε θα είναι αύριο στην εκδρομή

ε. Τι θα έλεγες να πάμε σινεμά

στ. Σήμερα διαβάσαμε το βιβλίο Ο μικρός πρίγκηπας

ζ. Επιτέλους μας είπε ήρθατε

η. Προτιμώ να πάμε για κολύμπι παρά για μπάσκετ

θ. Αυτό δεν είναι νερό είναι σόδα

ι. Εκεί που καθόμασταν είδαμε τον   γνωστό τραγουδιστή

ια. Θα ήθελα να ταξιδέψω σε όλο τον κόσμο για να γνωρίσω άλλους λαούς και πολιτισμούς.

ιβ. Πότε θα πάμε διακοπές επιτέλους

Διδακτική ενότητα για τα Χριστούγεννα

Το Χριστολούλουδο του λύκου

Μια φορά κι έναν καιρό, ζούσε ένας λύκος πςλύ κακός που έκανε συνέχεια επιθέσεις στο χωριό. Οι κάτοικοι ήταν έξαλλοι μαζί του, γιατί τους είχε ρημάξει τα κοτέτσια, τα κουνέλια και τα πρόβατα. Ήταν νύχτα Χριστουγέννων κι ο λύκος πεινούσε πολύ και κρύωνε. «Κανείς δε θ'ασχοληθεί μαζί μου σήμερα, βράδυ Χριστουγέννων» σκέφτηκε. «Καιρός να φάμε καλά». Πλησιάζει σιγά σιγά στον κήπο ενός σπιτιού και ετοιμάζεται να ορμήσει, όταν ξαφνικά βλέπει ένα κοριτσάκι και παγώνει. Ήταν η Αννούλα που πήγαινε να δει το σκυλάκι της κρυφά από τους γονείς της. Το κορίτσι μόλις αντιλαμβάνεται κι αυτό την παρουσία του λύκου, παγώνει και δεν κινείται. Δε βάζει τις φωνές παρά μόνο σκέφτεται τι όμορφος που είναι με το χιόνι πάνω στη ράχη του. «Θα ήταν κρίμα να τον σκοτώσουν» σκέφτηκε.

Σιγά σιγά τον πλησιάζει και απλώνει το χέρι της να τον χαϊδέψει. Εκείνος διστάζει στην αρχή, μα με τον τρόπο που τον κοιτάζουν τα αθώα μάτια του κοριτσιού, τον κάνουν να την εμπιστευτεί και παραμένει ακίνητος. Εκείνο του χαϊδεύει τα μουστάκια και του λέει: «να ξανάρθεις μετά τα μεσάνυχτα που θα'χουν φύγει όλοι για την εκκλησία. Εγώ θα σου αφήσω κάτι για να φας, αλλά μετά θα φύγεις μακριά, γιατί οι κάτοικοι θα σε κυνηγήσουν και θα σε σκοτώσουν».

Ο λύκος την κοίταξε με κατανόηση και έφυγε. Το μικρό κορίτσι γύρισε σπίτι του χωρίς κανείς να καταλάβει τίποτα. Όταν όλοι ξύπνησαν για να πάνε στην εκκλησία, το μικρό κορίτσι βγάζει τη γαλοπούλα από το φούρνο και την αφήνει πάνω στο χιόνι, εκεί που είχε συναντήσει το λύκο. Μετά γυρίζει στο κρεβάτι της και κοιμάται για να ξεκουραστεί. Ο λύκος πιστός στο ραντεβού, γυρίζει όταν όλοι έχουν φύγει για την εκκλησία και τρώει όλη τη γαλοπούλα που του άφησε η Άννα. Εκεί όπου η ζέστη της γαλοπούλας έχει λιώσει το χιόνι, ο λύκος αφήνει ένα χριστολούλουδο και φεύγει μακριά, όπως του είχε πει η Αννούλα. Όταν όλοι γυρίζουν από την εκκλησία, το κορίτσι ξυπνάει από τις φωνές. Όλοι αναρωτιούνται πού μπορεί να πήγε η γαλοπούλα. Τότε η Άννα τους εξηγεί πως όσο έλειπαν πέρασε ο Άγιος Βασίλης και επειδή ήταν πολύ πεινασμένος, του έδωσε τη γαλοπούλα για να πάρει δυνάμεις. Οι γονείς της μην έχοντας άλλη επιλογή την πίστεψαν και η μητέρα ξεκίνησε πάλι να μαγειρεύει κάτι πρόχειρο για να συμπληρώσει το χριστουγεννιάτικο τραπέζι.

Την επόμενη μέρα, όλοι οι άντρες του χωριού ξεκίνησαν για το κυνήγι του λύκου. Μάταια όμως, γιατί ο λύκος κράτησε την υπόσχεσή του και έφυγε πολύ μακριά. Η Άννα όταν ξύπνησε και πήγε να ξαναδεί το σκυλάκι της, βρήκε εκεί που είχε αφήσει τη γαλοπούλα το χριστολούλουδο και αμέσως κατάλαβε ποιος της το άφησε. Το κράτησε ζεστά στο χέρι της και με το βλέμμα της ψηλά στο χιονισμένο βουνό, του ευχήθηκε καλά Χριστούγεννα.

(Τριανταφυλλένια Θάνου, πηγή, www.blogs.sch.gr)

Ερωτήσεις

1. Αφού διαβάσετε το παραμύθι, να το αφηγηθείτε στην τάξη με δικά σας λόγια.

2. Ποια είναι η σχέση του λύκου με το κορίτσι; Γιατί στο τέλος ο λύκος αφήνει το χριστολούλουδο;

3. Το πνεύμα των Χριστουγέννων είναι η αγάπη ανάμεσα στους ανθρώπους. Πώς πετυχαίνεται αυτό μέσα από την ιστορία μας;

4. Προσπαθήστε να ζωντανέψετε την ιστορία μέσα από μία εικόνα που θα ζωγραφίσετε.

ΜΕΡΟΣ ΔΕΥΤΕΡΟ

ΓΕΩΓΡΑΦΙΑ ΤΗΣ ΕΛΛΑΔΑΣ

(πηγή, www.blogs.sch.gr)

Η Ελλάδα είναι μία χώρα που αποτελείται από το ηπειρωτικό και νησιωτικό τμήμα. Ηπειρωτικό είναι το μακρόστενο σχήμα της που αποτελεί την ξηρά και νησιωτικό είναι όλα τα μικρά και μεγάλα νησιά της.

Η Ελλάδα έχει πάνω από 2000 νησιά, από τα οποία τα 225 είναι κατοικημένα, ενώ τα υπόλοιπα είναι βραχονησίδες.

Εργασία

Στον παραπάνω χάρτη προσπαθήστε να χρωματίσετε όσα νησιά βλέπετε.

Η Ελλάδα βρίσκεται στο νοτιοανατολικό άκρο της Ευρώπης και ανήκει και στις Βαλκανικές χώρες. Ανατολικά, δυτικά και νότια βρέχεται από τη Μεσόγειο Θάλασσα, η οποία βρίσκεται ανάμεσα στην Ευρώπη και την Αφρική.

Γεωγραφικά διαμερίσματα

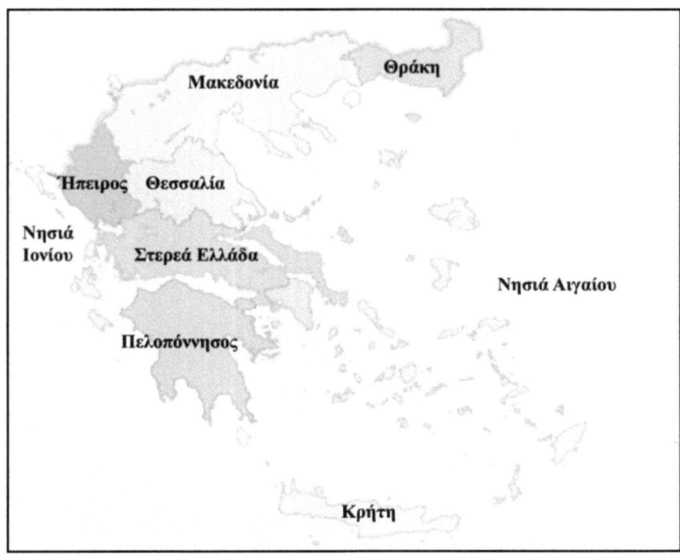

Η χώρα μας αποτελείται από 9 γεωγραφικά διαμερίσματα και 51 νομούς. Μακεδονία, Θράκη, Θεσσαλία, Ήπειρος, Στερεά Ελλάδα, Πελοπόννησος, Κρήτη, Νησιά Αιγαίου, Νησιά Ιονίου.

Ομαδική εργασία

Σε ομάδες και με τη βοήθεια του διαδικτύου να βρείτε τις πρωτεύουσες των νομών σύμφωνα με τον παρακάτω χάρτη (πηγή, www.blogs.sch.gr).

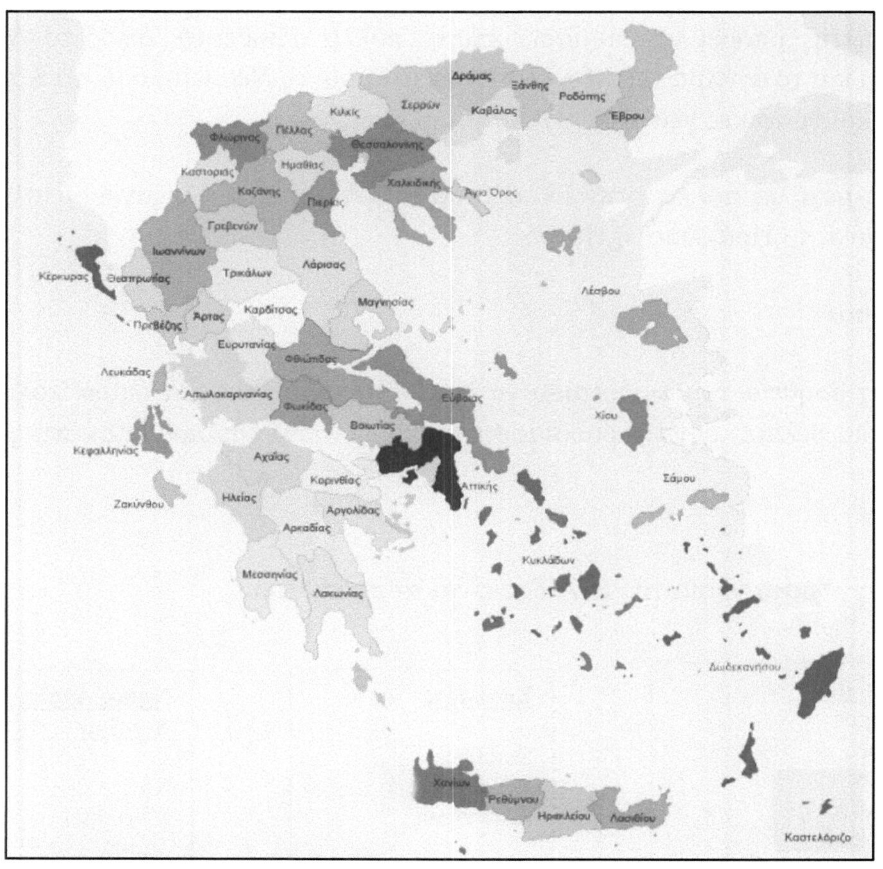

Μεγαλουπόλεις

Πρωτεύουσα της Ελλάδας είναι η Αθήνα και συμπρωτεύουσα η Θεσσαλονίκη. Η Αθήνα συγκεντρώνει πολλά αξιοθέατα που μπορεί κάποιος να θαυμάσει, όπως την Ακρόπολη και τον Παρθενώνα, πληθώρα μουσείων, αρχαιολογικών μνημείων αλλά και γραφικά μέρη όπως είναι η Πλάκα, το Θησείο και το Μοναστηράκι.

Η Θεσσαλονίκη είναι η δεύτερη μεγαλύτερη πόλη της Ελλάδας και ο επισκέπτης μπορεί να θαυμάσει επίσης πολλά αξιοθέατα, όπως το Λευκό Πύργο και το άγαλμα του Μεγάλου Αλεξάνδρου, τη Νέα Παραλία, τα Κάστρα αλλά και γραφικές γειτονιές.

Άλλες μεγάλες πόλεις στην Ελλάδα είναι η Λάρισα, η Αλεξανδρούπολη, τα Ιωάννινα, το Ηράκλειο, η Πάτρα.

Εργασία

Με τη βοήθεια του διαδικτύου να βρείτε πληροφορίες για όποια πόλη της Ελλάδας θέλετε και να παρουσιάσετε τι μπορεί να δει κάποιος επισκέπτης εκεί.

Νησιά

Τα πιο γνωστά νησιά της Ελλάδας είναι τα παρακάτω:

Κυκλάδες	**Σποράδες**	**Νησιά Ανατολικού Αιγαίου**
Άνδρος		
Πάρος	Σκιάθος	Χίος
Νάξος	Σκόπελος	Μυτιλήνη
Μύκονος	Αλόννησος	Σάμος
Σαντορίνη		Λήμνος
Τήνος		Θάσος
Σύρος κ.ά		Σαμοθράκη

<u>**Δωδεκάνησα**</u>

Ρόδος
Κως
Κάρπαθος
Κάλυμνος
Λέρος
Σύμη
Νίσυρος
Αστυπάλαια, κ.ά.

<u>**Επτάνησα**</u>

Κέρκυρα
Κεφαλονιά
Ιθάκη
Λευκάδα
Παξοί
Ζάκυνθος
Κύθηρα

Το κλίμα της Ελλάδας

Η Ελλάδα είναι χώρα μεσογειακή. Βρέχεται από θάλασσα από τα ανατολικά, νότια και δυτικά, κάτι που επηρεάζει σημαντικά το κλίμα της. Η χώρα μας κυρίως στο νότιο τμήμα της και στα νησιά έχει ήπιους χειμώνες και βροχερούς, ενώ τα καλοκαίρια είναι συνήθως ξηρά και πολύ ζεστά.

Τι παράγει η Ελλάδα;

Η Ελλάδα είναι κατά κανόνα αγροτική χώρα και παράγει πολλά αγροτικά προϊόντα τα οποία και εξάγει, όπως ελαιόλαδο, ελιές, κρασί, πορτοκάλια, καπνό, βαμβάκι, γαλακτοκομικά κ.ά. Εκτός από τα αγροτικά προϊόντα όμως έχει αναπτύξει ιδιαίτερα και τη βιομηχανία της κυρίως λόγω του μεγάλου ορυκτού πλούτου της. Επίσης, η Ελλάδα θεωρείται από τις κορυφαίες στο χώρο της ναυτιλίας, καθώς κατέχει το 23,2% του συνολικού εμπορικού στόλου παγκοσμίως. Πολλές ελληνικές ναυτιλιακές εταιρείες έχουν την έδρα τους στο Λονδίνο, τη Νέα Υόρκη και την Αθήνα και διοικούνται από μεγάλες ελληνικές εφοπλιστικές οικογένειες.

Εργασία

Χωριστείτε σε ομάδες και με βάση το χάρτη και τα γεωγραφικά διαμερίσματα να γράψετε τι παράγει η χώρα μας.   (πηγή χάρτη, www. blogs.sch.gr)

ΙΣΤΟΡΙΑ ΚΑΙ ΗΡΩΕΣ

Η ελληνική ιστορία από την αρχαιότητα μέχρι σήμερα έχει να μας παρουσιάσει πολλά σπουδαία γεγονότα, σημαντικούς ήρωες και τη δράση τους. Στο κεφάλαιο αυτό θα ασχοληθούμε με κάποια από αυτά, καθώς δεν είναι δυνατό μέσα σε λίγες σελίδες να χωρέσει όλη η ιστορία του τόπου μας.

Ο Μέγας Αλέξανδρος

(Προτομή του Μ. Αλεξάνδρου, © Αρχαιολογικό Μουσείο Πέλλας)

Ο Αλέξανδρος Γ΄ ο Μακεδών ή αλλιώς Μέγας Αλέξανδρος (356-323 π.Χ.) ήταν βασιλιάς του αρχαίου ελληνικού βασιλείου της Μακεδονίας, ο οποίος διαδέχθηκε στο θρόνο τον πατέρα του βασιλιά Φίλιππο Β΄ της Μακεδονίας σε ηλικία μόλις 20 χρονών. Μέχρι τα 30 του χρόνια είχε κάνει πολλές κατακτήσεις στην Ασία και την Αίγυπτο. Η αυτοκρατορία του εκτεινόταν από την Ελλάδα ως την Ινδία. Θεωρείται ένας από τους μεγαλύτερους στρατηλάτες στην ιστορία.

Ο Αλέξανδρος μέχρι τα 16 του χρόνια είχε δάσκαλο το γνωστό φιλόσοφο Αριστοτέλη. Όνειρό του ήταν να κατακτήσει την Περσική Αυτοκρατορία. Η εκστρατεία του στην Περσία διήρκεσε 10 χρόνια με σημαντικές μάχες, όπως αυτών της Ισσού και των Γαυγάμηλων. Μετά την κατάκτηση των Περσών, ο Αλέξανδρος έφτασε στην Ινδία το 326 π.Χ. Επειδή όμως από τις συνεχείς μάχες ο στρατός του καταπονήθηκε, αναγκάστηκε να επιστρέψει στη Βαβυλώνα όπου και πέθανε από υψηλό πυρετό το καλοκαίρι του 323 π.Χ.

Άσκηση

Να σημειώσετε με **Σωστό** ή **Λάθος** τις παρακάτω προτάσεις.

α. Ο Αλέξανδρος ο Μέγας ήταν Αθηναίος.

β. Ο Αλέξανδρος γεννήθηκε το 336 π.Χ.

γ. Πατέρας του ήταν ο Φίλιππος Β΄ βασιλιάς της Μακεδονίας.

δ. Έγινε βασιλιάς σε ηλικία 22 χρόνων.

ε. Οι κατακτήσεις του έφτασαν ως την Ινδία.

στ. Δάσκαλός του ήταν ο Πλάτωνας.

ζ. Κατέκτησε τους Πέρσες.

η. Πέθανε στα 33 του χρόνια.

(πηγή, Wikipedia)

1. Το παραπάνω ψηφιδωτό απεικονίζει μία μάχη του Αλέξανδρου με τους Πέρσες. Προσπαθήστε να το περιγράψετε με λεπτομέρειες.

2. Με τη βοήθεια του διαδικτύου να βρείτε περισσότερες πληροφορίες για τις εκστρατείες του Μεγάλου Αλεξάνδρου και για τον πολιτισμό που κληροδότησε στις χώρες που κατέκτησε.

3. Πιστεύετε πως ο Μέγας Αλέξανδρος είναι γνωστό ιστορικό πρόσωπο παγκοσμίως; Τι είναι αυτό που τον ξεχωρίζει;

Η Ελληνική Επανάσταση του 1821

(Θεόδωρος Βρυζάκης, Η Ελλάς ευγνωμονούσα. © Εθνική Πινακοθήκη, Αθήνα)

Η Επανάσταση των Ελλήνων μετά από 400 χρόνια τουρκικής σκλαβιάς αποτελεί το σημαντικότερο ιστορικό γεγονός της Νεότερης Ιστορίας μας. Οι αγώνες για την απελευθέρωση ξεκίνησαν το 1821 από την Πελοπόννησο και ως το 1830 η Ελλάδα κέρδισε την ανεξαρτησία της.

Η Φιλική Εταιρεία

Η Φιλική Εταιρεία ιδρύθηκε επτά χρόνια πριν από την έναρξη της Μεγάλης Επανάστασης του 1821, με σκοπό να βοηθήσει στις προσπάθειες των υπόδουλων Ελλήνων για την απελευθέρωσή τους. Η οργάνωση ιδρύθηκε μυστικά στην Οδησσό της Ρωσίας το 1814, από τρεις εμπόρους, τον Εμμανουήλ Ξάνθο, το Νικόλαο Σκουφά και τον Αθανάσιο Τσακάλωφ.

Οι Φιλικοί, όπως λέγονταν τα μέλη της χρησιμοποιούσαν κρυπτογραφικό κώδικα για να επικοινωνούν μεταξύ τους και υπέγραφαν με ψευδώνυμα. Η συμμετοχή τους στην οργάνωση είχε τη μορφή ιεροτελεστίας, που τη σφράγιζε ο όρκος μπροστά σε ιερέα.

Τα μέλη της Φιλικής Εταιρείας στην αρχή ήταν ελάχιστα. Το 1818, όμως, η οργάνωση μετέφερε την έδρα της στην καρδιά της Οθωμανικής Αυτοκρατορίας, την Κωνσταντινούπολη. Τότε μπήκαν στην οργάνωση πολλά μέλη, όπως ο αρχιμανδρίτης Γρηγόριος Δίκαιος ή Παπαφλέσσας, ο πρώην κλέφτης Θεόδωρος Κολοκοτρώνης, οι οπλαρχηγοί Ιωάννης Φαρμάκης και Γεωργάκης Ολύμπιος και αρκετοί άλλοι. Την οργάνωση βοήθησε αποφασιστικά και ο μεγαλέμπορος Παναγιώτης Σέκερης, που πρόσφερε μεγάλο μέρος της περιουσίας του.

Οι ήρωες της Επανάστασης

Πολλοί είναι αυτοί που έδωσαν τη ζωή τους για τον αγώνα της απελευθέρωσης, ανάμεσά τους και γυναίκες. Στις παρακάτω εικόνες θα γνωρίσετε μερικές ηρωίδες και μερικούς ήρωες της Επανάστασης. Χρωματίστε τις εικόνες και ψάξτε πληροφορίες για την/τον καθεμία/καθένα και τη δράση της/του και παρουσιάστε τις στην τάξη.

(πηγή σχεδίων, www.blogs.sch.gr)

(πηγή, www.zografies.gr)

Τι γιορτάζουμε;

Λίγο μετά τις 3 τα ξημερώματα της 28ης Οκτωβρίου του 1940, η Ιταλική κυβέρνηση ζήτησε από τον τότε πρωθυπουργό της Ελλάδας Ιωάννη Μεταξά να περάσει ο ιταλικός στρατός από τα Ελληνοαλβανικά σύνορα, ώστε να χρησιμοποιήσει ελληνικά λιμάνια και αεροδρόμια για ανεφοδιασμό προς το πέρασμά του στην Αφρική. Η άρνηση του Μεταξά σε αυτή την απαίτηση έμεινε στην ιστορία ως „Όχι" και αποτέλεσε την αρχή του Ελληνοϊταλικού πολέμου και την είσοδο της Ελλάδας στο Β΄ Παγκόσμιο Πόλεμο. Ο Ελληνοϊταλικός πόλεμος κράτησε από τις 28 Οκτωβρίου 1940 μέχρι την 1η Ιουνίου του 1941, όπου κατέλαβαν την Ελλάδα τα γερμανικά στρατεύματα.

Η Επέτειος αυτή γιορτάζεται κάθε χρόνο στην Ελλάδα με στρατιωτικές και σχολικές παρελάσεις. Μάλιστα, η επίσημη στρατιωτική παρέλαση γίνεται μόνο στη Θεσσαλονίκη, η οποία γιορτάζεται μαζί με την απελευθέρωση της πόλης στον Α΄ Βαλκανικό πόλεμο, αλλά και με τη γιορτή του Πολιούχου της Αγίου Δημητρίου.

Ερωτήσεις

1. Τι γιορτάζουμε την 28η Οκτωβρίου;

2. Τι σημαίνει το Όχι;

3. Σε ποιον πόλεμο μπήκε η Ελλάδα το 1941;

4. Βρείτε τραγούδια στο διαδίκτυο για το 1940.

5. Βρείτε πληροφορίες για την περίοδο της Κατοχής στην Ελλάδα και παρουσιάστε τις μέσα στην τάξη.

6. Χρωματίστε το παραπάνω σχέδιο.

Μυθολογία - Ιστορία

Ήρωες της αρχαιότητας. Ανάμεσα στο μύθο και την πραγματικότητα

Το κεφάλαιο αυτό το ονομάζουμε έτσι, γιατί οι ήρωες που παρουσιάζονται κινούνται μεταξύ φαντασίας και πραγματικότητας. Φαντασία, γιατί έζησαν περιπέτειες που μόνο στη φαντασία μας χωράνε και πραγματικότητα, γιατί κάποια από αυτά είναι υπαρκτά πρόσωπα.

Όμηρος

Ο Όμηρος ήταν ένας μεγάλος ποιητής της αρχαιότητας που έζησε τον 8ο αιώνα π.Χ. και γεννήθηκε στη Χίο. Λέγεται πως ήταν τυφλός και τραγούδησε τα δύο μεγάλα έπη του την Ιλιάδα και την Οδύσσεια.

Α) Οδύσσεια

Η Οδύσσεια αποτελείται από 12.109 στίχους και χωρίζεται σε 24 βιβλία (ραψωδίες). Η Οδύσσεια διαδραματίζεται αφότου οι Αχαιοί (έτσι ονομάζει ο Όμηρος τους Έλληνες) είχαν νικήσει στον Τρωϊκό πόλεμο. Η Οδύσσεια αναφέρεται στο νόστο (ταξίδι) του Έλληνα ήρωα Οδυσσέα (ο πρωταγωνιστής από τον οποίο προήλθε το όνομα του ποιήματος) και τις δυσκολίες που αντιμετωπίζει κατά την επιστροφή του από την Τροία στην πατρίδα του, η οποία κράτησε δέκα χρόνια. Ο Οδυσσέας βρίσκει πολλά εμπόδια στο δρόμο του κυρίως από το θεό Ποσειδώνα. Τα σημαντικότερα σημεία της Οδύσσειας περιλαμβάνουν τον Οδυσσέα με τις Σειρήνες, τον Κύκλωπα Πολύφημο, τη Σκύλλα και τη Χάρυβδη, τη μάγισσα Κίρκη και την εξόντωση των μνηστήρων της συζύγου του Οδυσσέα, της Πηνελόπης, όταν επέστρεψε ο ήρωας στην Ιθάκη. Ας μάθουμε περισσότερα για κάποιες από αυτές τις περιπέτειες.

Ο Οδυσσέας και οι Σειρήνες

(Οδυσσέας και Σειρήνες. Πηγή, J. Boardman, Ερυθρόμορφη αγγειογραφία)

Οι Σειρήνες ήταν γυναικείες θεότητες με ανθρώπινο γυναικείο κεφάλι και σώμα αρπακτικού πουλιού. Ο Οδυσσέας κατά το ταξίδι της επιστροφής του στην Ιθάκη είχε ενημερωθεί από τη μάγισσα Κίρκη για τις Σειρήνες και το επικίνδυνο τραγούδι τους που όποιος το άκουγε τον παρέσυρε και αυτές τον κατασπάρασσαν. Έτσι, διέταξε τους συντρόφους του να βάλουν κερί στα αυτιά τους, ώστε να μην ακούσουν το τραγούδι τους και τον ίδιο να τον δέσουν στο κατάρτι του πλοίου, για να μην παρασυρθεί από το τραγούδι τους.

«Καλοί μου φίλοι, ένας δεν φτάνει μήτε δυο να ξέρουν όσα η Κίρκη λέγοντας μου προφήτεψε, σεμνή θεά. Γι' αυτό κι εγώ θα σας μιλήσω, ώστε γνωρίζοντας ή να πεθάνουμε ή να γλιτώσουμε τον θάνατο και να ξεφύγουμε τη μαύρη μοίρα.

Λοιπόν η πρώτη συμβουλή της ήταν πώς θα αποφύγουμε το θείο τραγούδι των Σειρήνων και το ανθισμένο τους λιβάδι. Μόνο σ' εμένα επέτρεψε ν' ακούσω τη φωνή τους· αλλά θα πρέπει να με δέσετε σφιχτά, τόσο που να πονέσω, να μην μπορώ να κουνηθώ, όρθιο πάνω στο κατάρτι, με τα σχοινιά πλεγμένα γύρω του.

Κι αν σας παρακαλώ, αν σας φωνάζω να με λύσετε, εσείς θα πρέπει πιο σφιχτά να με τυλίξετε, μ' ακόμη περισσότερα δεσμά».

Κάποιοι σύντροφοί του όμως παράκουσαν την εντολή του, έβγαλαν το κερί από τα αυτιά τους, με αποτέλεσμα να χάσουν τη ζωή τους.

Εργασία

Να περιγράψετε την εικόνα με τον Οδυσσέα και τις Σειρήνες. Γιατί πιστεύετε παράκουσαν την εντολή του Οδυσσέα οι σύντροφοί του;

Ο Οδυσσέας και ο Κύκλωπας

(Ο Οδυσσέας τυφλώνει τον Πολύφημο. Πηγή, J. Boardman, Μελανόμορφη αγγειογραφία)

Ο γνωστός από την Οδύσσεια Κύκλωπας ήταν γιος του θεού Ποσειδώνα και της Νύμφης Θοώσης. Σύμφωνα με την Οδύσσεια, ο Πολύφημος κατοικούσε μέσα σε ένα σπήλαιο και ζούσε από τα πρόβατά του, αλλά ήταν φοβερός γίγαντας και ο αγριότερος από τους Κύκλωπες και είχε ένα τεράστιο μάτι. Αιχμαλώτισε στη σπηλιά του τον Οδυσσέα και τους συντρόφους του, τους οποίους άρχισε να τρώει τον ένα μετά τον άλλο, 6 συνολικά, ώσπου ο Οδυσσέας τον τύφλωσε με ένα πυρωμένο παλούκι και δεν μπόρεσε να τον ανακαλύψει ψαχουλεύοντας αυτόν και τους συντρόφους του που απέμειναν, οι οποίοι κατάφεραν να ξεφύγουν κρεμασμένοι από τις κοιλιές των προβάτων του. Ας παρακολουθήσουμε την ιστορία.

Ο Οδυσσέας και οι άνδρες του ένιωθαν παγιδευμένοι για τα καλά. Κάποια στιγμή, ο ήρωας πήρε είδηση ένα τεράστιο κλαδί ελιάς, μεγάλο σαν κατάρτι πλοίου. Μάλλον ο Πολύφημος το είχε κόψει και το είχε αφήσει να ξεραθεί για να το κάνει ραβδί. Ο Οδυσσέας και οι σύντροφοί του άρχισαν να το καθαρίζουν από φύλλα και μικρά κλαδιά, έξυσαν και την άκρη του να είναι μυτερή και σε λίγο είχαν ένα τεράστιο κοντάρι που χρειαζόταν πέντε για να το σηκώσουν. Ο ένας ήταν ο Οδυσσέας. Οι άλλοι τέσσερις βγήκαν με κλήρο. Έβαλαν στη φωτιά τη μυτερή άκρη του κονταριού, να ψηθεί και να σκληρύνει, κι όταν τέλειωσαν και με αυτό, έκρυψαν το κοντάρι κάτω από την κοπριά.

Ο Κύκλωπας γύρισε στην ώρα του, με το ηλιοβασίλεμα. Έβγαλε τον βράχο, έβαλε στη σπηλιά τα κοπάδια, την έκλεισε πάλι, τακτοποίησε τα ζώα, άναψε φωτιά, άρπαξε άλλους δυο από τους άνδρες και τους έφαγε για δείπνο. Ο Οδυσσέας βγήκε μπροστά του και του πρόσφερε από το κρασί του Μύρωνα. Ήπιε ο Πολύφημος, ευχαριστήθηκε, ζήτησε κι άλλο. Ο Οδυσσέας του ξανάδωσε. Το ήπιε κι αυτό αλλά δεν χόρταινε. Ήθελε κι άλλο, ρώτησε τον ήρωα ποιο είναι το όνομά του και υποσχέθηκε ότι θα του κάνει ένα δώρο, αν είχε κρασί να του δώσει. Ο Οδυσσέας απάντησε ότι τον λένε Ούτι (Κανένα) και του έδωσε όλο το ασκί. Ευχαριστημένος ο Κύκλωπας του είπε πως δώρο του ήταν το ότι θα τον έτρωγε τελευταίο. Μετά, μεθυσμένος καθώς ήταν, αποκοιμήθηκε.

Ο Οδυσσέας και οι τέσσερις που είχαν κληρωθεί, έβγαλαν το κρυμμένο κοντάρι, το πύρωσαν στη φωτιά, το σήκωσαν, σημάδεψαν και με φόρα το κάρφωσαν στο μάτι του κοιμισμένου γίγαντα, τυφλώνοντάς τον. Πετάχτηκε αυτός μέσα σε φριχτούς πόνους ουρλιάζοντας να τον ακούσουν οι άλλοι Κύκλωπες. Μαζεύτηκαν εκείνοι έξω από τη σφραγισμένη με τον βράχο σπηλιά και τον ρωτούσαν, τι έπαθε. «Ο Κανένας με τύφλωσε», φώναζε αυτός. Οι άλλοι του απάντησαν πως, αφού κανένας δεν τον πείραξε, κάτι θα του έκανε ο Δίας. Δεν είχε παρά να ζητήσει από τον Ποσειδώνα, τον πατέρα του, να τακτοποιήσει το ζήτημα. Έφυγαν.

Όσο ο Κύκλωπας ασχολούνταν με το μάτι του προσπαθώντας να σταματήσει το αίμα και τους πόνους, ο Οδυσσέας έδενε τους συντρόφους του καθένα κάτω από την κοιλιά ενός κριαριού. Το πρωί, ο τυφλός Πολύφημος τράβηξε τον βράχο από το άνοιγμα της σπηλιάς, στάθηκε μπροστά του και ψαχούλευε τα ζωντανά που έβγαιναν, να βεβαιωθεί ότι ήταν τα πρόβατα και τα γίδια κι όχι κάποιος από τους ξένους. Όμως, ψαχούλευε τις ράχες, ενώ οι άντρες ήταν δεμένοι από κάτω. Τελευταίος και κρατημένος από τον σβέρκο ενός κριαριού πέρασε και ο Οδυσσέας. Ο Κύκλωπας έφραξε πάλι τη σπηλιά νομίζοντας πως οι ξένοι βρίσκονταν ακόμα μέσα. Ο Οδυσσέας όμως έλυσε τους άντρες του που πήραν και τα κριάρια και, χωρίς να τους αντιληφθεί ο τυφλωμένος γίγαντας, έφτασαν στο πλοίο τους.

Όταν κάπως ξεμάκρυναν, ο Οδυσσέας φώναξε κοροϊδευτικά στον Πολύφημο ότι τυφλώθηκε πληρώνοντας τις αδικίες που έκανε. Έξαλλος ο Κύκλωπας που του ξέφυγαν οι αιχμάλωτοί του, ξερίζωσε την κορφή του βουνού και την πέταξε εναντίον τους. Έσκασε μπροστά στο πλοίο, σηκώνοντας τεράστια κύματα που το έσπρωξαν προς την παραλία. Με δυσκολία ο Οδυσσέας και οι άντρες του μπόρεσαν να το κουμαντάρουν, μη το κύμα τους ρίξει στη στεριά. Όταν το έφεραν στα ίσα, ο Οδυσσέας ξαναφώναξε του Πολύφημου:

«Αν σε ρωτήσουν, ποιος σε τύφλωσε, να ξέρεις ότι ήταν ο Οδυσσέας, ο γιος του Λαέρτη από την Ιθάκη».

(κείμενο ελαφρώς διασκευασμένο, www.historyreport.gr)

Εργασία

Να γράψετε την ιστορία με τον Κύκλωπα Πολύφημο με δικά σας λόγια.

Ρόλοι

Παίξτε με τους συμμαθητές σας το παραπάνω απόσπασμα ανάμεσα στον Οδυσσέα, τους συντρόφους του και τον Κύκλωπα σε ένα σκετς.

Ο Οδυσσέας και οι μνηστήρες της Πηνελόπης

(Ο Οδυσσέας σκοτώνει τους μνηστήρες. © Berlin, Staatliche Museen zu Berlin, Antikensammlung. www.museum-digital.de)

Ο Οδυσσέας φεύγοντας από την Ιθάκη άφησε πίσω τη γυναίκα του Πηνελόπη και το γιο του Τηλέμαχο. Ενώ οι περισσότεροι Έλληνες βασιλιάδες και στρατιώτες επέστρεψαν στην πατρίδα τους, ο Οδυσσέας περιπλανήθηκε για δέκα χρόνια. Σε αυτό το διάστημα κάποιοι ανύπαντροι άνδρες στην Ιθάκη νομίζοντας πως πέθανε ο Οδυσσέας μαζεύτηκαν στο παλάτι, έτρωγαν την περιουσία του και διεκδικούσαν την Πηνελόπη.

Η Πηνελόπη προσπαθώντας να καθυστερήσει να επιλέξει τον μελλοντικό της σύζυγο υπόσχεται στους μνηστήρες ότι θα το κάνει μόλις υφάνει το σάβανο του πεθερού της Λαέρτη. Για τρία χρόνια όμως η Πηνελόπη το πρωί ύφαινε και το βράδυ ξήλωνε. Οι μνηστήρες ανακαλύπτουν το κόλπο της Πηνελόπης και απαιτούν να επιλέξει έναν σύζυγο ανάμεσά τους.

Ο γιος του Οδυσσέα, ο Τηλέμαχος, νιώθει θυμό και οργή για τους μνηστήρες και ζητά βοήθεια από τη θεά Αθηνά. Η Αθηνά τον συμβουλεύει να αναζητήσει τον πατέρα του. Όταν ο Οδυσσέας επιστρέφει στην Ιθάκη, η Αθηνά τον μεταμορφώνει σε ζητιάνο και μαζί με τον Τηλέμαχο οργανώνουν το σχέδιο εξόντωσης των μνηστήρων. Ας παρακολουθήσουμε ένα απόσπασμα από τη σκηνή που ο Οδυσσέας με το τόξο του σκοτώνει τους μνηστήρες.

Οπότε ο Οδυσσέας γυμνώθηκε, τα ράκη πέταξε,

πήδηξε πάνω στο πλατύ κατώφλι πολυμήχανος, στα χέρια του

κρατώντας δοξάρι και φαρέτρα, γεμάτη βέλη,

μπροστά στα πόδια του αδειάζει τις γοργές σαΐτες, ύστερα γύρισε

και λέει στους μνηστήρες: «Τέλος, μ' αυτό το ατέλεστο για σας αγώνισμα

τώρα θα βάλω στόχο δεύτερο, που δεν τον έφτασε ποτέ άνθρωπος άλλος, αν έχω τύχη και πετύχω, αν ο Απόλλωνας μου δώσει τέτοια δόξα.»

Είπε και την πικρή σαΐτα σημαδεύοντας τη ρίχνει στον Αντίνοο πάνω,

την ώρα που άπλωνε το χέρι του να πιάσει την ωραία κούπα, [...]

κι εκείνος χτυπημένος έγειρε, του ξέφυγε η κούπα από το χέρι [...].

Τότε στην αίθουσα οι μνηστήρες βοή μεγάλη σήκωσαν, βλέποντας τον Αντίνοο

να πέφτει σκοτωμένος· αλλοπαρμένοι από τη θέση τους πετάχτηκαν,

στριφογυρίζοντας στην κάμαρη, κοιτάζοντας με μάτια ορθάνοιχτα

τριγύρω τους καλοχτισμένους τοίχους.

Αλλά δεν είδαν κάπου ένα σκουτάρι ή κάποιο δόρυ άλκιμο,

κι έτσι, με χολωμένα λόγια πήραν τον Οδυσσέα να βρίζουν:

«Ξένε, σφάλμα βαρύ που διάλεξες ανθρώπους να τοξεύσεις, αλλά

το κόλπο σου δεν θα πετύχει δεύτερη φορά·

τώρα σου μέλλεται αναπόφευκτος χαμός δικός σου,

γιατί θανάτωσες το πρώτο και καλύτερο από τα παλικάρια

της Ιθάκης – σίγουρα θα σε φαν κι εσένα εδώ οι γύπες.»

Έτσι παράλογα μιλούσαν, γιατί φαντάστηκαν πως άθελά του

ο Οδυσσέας τον σκότωσε – μωροί, που δεν κατάλαβαν πως πάνω

στο κεφάλι τους κρεμόταν κιόλας σ' όλους η θηλιά του ολέθρου.

Ο Οδυσσέας όμως πολυμήχανος λοξά τούς κοίταξε κι άγρια τους αντιμίλησε:

«Σκυλιά, που λέγατε δεν θα γυρίσω πια στον τόπο μου, μετά

της Τροίας τον πόλεμο· γι' αυτό ρημάζετε στο μεταξύ το βιος μου,

βάναυσα σέρνετε γυναίκες δούλες στο κρεβάτι σας, παντρολογήματα

γυρεύετε, ενόσω ακόμη ζω, με τη δική μου τη γυναίκα.

Δεν φοβηθήκατε καν τους θεούς, που τον πλατύ ουρανό κατέχουν,

μήτε και των ανθρώπων τη μελλοντική, δίκαιη εκδίκηση.

Μα τώρα κρέμεται η θηλιά του ολέθρου πάνω στο κεφάλι σας.»

(Ομήρου Οδύσσεια, μτφρ. Δ. Ν. Μαρωνίτης)

Εργασία

Στο παραπάνω απόσπασμα ο Οδυσσέας αποκαλύπτεται στους μνηστήρες, γιατί αυτοί δε γνωρίζουν ποιος είναι. Προσπαθήστε να γράψετε σε απλά ελληνικά το παραπάνω απόσπασμα και να το διαβάσετε μέσα στην τάξη. Στη συνέχεια, με τη βοήθεια του διαδικτύου ψάξτε πώς συνεχίζεται η ιστορία και πώς τελικά η Πηνελόπη αναγνωρίζει τον Οδυσσέα.

(Η τιμωρία του Προμηθέα. Πηγή, www.hellenicaworld.com)

Ας γνωρίσουμε έναν μυθικό ήρωα όχι και τόσο συνηθισμένο, αφού τόλμησε να τα βάλει με τους θεούς του Ολύμπου. Ο Προμηθέας ήταν Τιτάνας. Όπως γνωρίζουμε, οι Τιτάνες πολέμησαν με τους Θεούς του Ολύμπου. Ο μόνος που πήρε το μέρος του Δία ήταν αυτός, γι' αυτό και δεν τιμωρήθηκε όπως οι άλλοι Τιτάνες.

Ο Προμηθέας όμως έκλεψε τη φωτιά από τους Θεούς και θέλησε να χαρίσει στους ανθρώπους πολιτισμό. Για το λόγο αυτόν θεωρήθηκε ο ευεργέτης των ανθρώπων. Χάρισε στους ανθρώπους τις τέχνες και τις επιστήμες.

Για αυτή του όμως την πράξη δε θα έμενε ατιμώρητος. Ο Δίας λοιπόν τον καταδίκασε με τον εξής τρόπο. Τον έδεσε σε έναν βράχο και ένας γυπαετός του έτρωγε το συκώτι. Το συκώτι όμως του Προμηθέα, επειδή ήταν αθάνατος, ξαναμεγάλωνε τη μέρα και ο γυπαετός του το έτρωγε πάλι το βράδυ. Τον Προμηθέα τελικά απελευθέρωσε από τα δεσμά του ο Ηρακλής σκοτώνοντας τον αετό.

Ερωτήσεις

1. Για ποιο λόγο πιστεύετε πως ο Προμηθέας έσωσε την ανθρωπότητα; Ήταν δίκαιη ή άδικη η τιμωρία του από το Δία;

2. Γιατί η φωτιά ήταν σημαντική για τον άνθρωπο; Τι θα μπορούσε να κατασκευάσει με αυτήν;

3. Να ψάξετε για βιβλία και παραμύθια που αναφέρονται στο μύθο του Προμηθέα και να τα διαβάσετε μέσα στην τάξη.

Γ) Αχιλλέας και Πάτροκλος: μια δυνατή φιλία

(Ο Αχιλλέας δένει την πληγή του Πάτροκλου. © Berlin, Staatliche Museen zu Berlin, Antikensammlung)

Αχιλλέας

Ο Αχιλλέας, γιος του Πηλέα και της Θέτιδας, ήταν ο κεντρικός ήρωας της Ιλιάδας του Ομήρου που εξιστορεί τον πόλεμο στην Τροία. Ο Αχιλλέας ήταν ημίθεος, δηλαδή μισός θεός και μισός άνθρωπος. Η μητέρα του η Θέτιδα προσπάθησε να τον κάνει αθάνατο και τον βούτηξε στα ιερά νερά της Στύγας. Όμως άφησε απέξω τη φτέρνα του που έγινε το αδύνατο σημείο του. Μόνο όποιος πετύχαινε τον Αχιλλέα στη φτέρνα μπορούσε να τον σκοτώσει. Ο Αχιλλέας στον πόλεμο της Τροίας εμφανίζεται ο πιο δυνατός και γενναίος πολεμιστής.

Πάτροκλος

Ο Πάτροκλος ήταν ξάδερφος και παιδικός φίλος του Αχιλλέα. Μεγάλωσε μαζί με τον Αχιλλέα και πήρε μέρος και αυτός στον Τρωικό πόλεμο. Ήταν όμως πιο καλοσυνάτος και υποχωρητικός σε σχέση με τον Αχιλλέα. Ο Πάτροκλος σκοτώθηκε στην Τροία από τον Έκτορα, ο οποίος φόρεσε την πανοπλία του Αχιλλέα.

Αχιλλέας και Πάτροκλος

Η φιλία μεταξύ του Αχιλλέα και Πάτροκλου έμεινε στην ιστορία ως μία από τις πιο δυνατές. Στον Τρωικό πόλεμο ο Πάτροκλος ήταν ακόλουθος του Αχιλλέα και μάλιστα φόρεσε την πανοπλία του και ρίχτηκε στη μάχη. Μόλις σκοτώθηκε ο Πάτροκλος, ο Αχιλλέας έπεσε σε βαθιά θλίψη για το χαμό του φίλου του. Τον τίμησε τρεις μέρες και οργάνωσε αγώνες προς τιμή του, όπως αρματοδρομία, πάλη, τοξοβολία και ακοντισμό.

Ερωτήσεις

1. Ποιος ήταν ο Αχιλλέας και ποια η σχέση του με τον Πάτροκλο;

2. Πού πολέμησαν οι δύο ήρωες;

3. Πώς τίμησε ο Αχιλλέας το θάνατο του Πάτροκλου;

4. Με τη βοήθεια του διαδικτύου να βρείτε φιλίες που έμειναν γνωστές στην ιστορία για τη δύναμή τους.

Συμπληρωματική ενότητα

Η λαϊκή μας παράδοση

Θέατρο σκιών. Ο Καραγκιόζης

Η ελληνική παράδοση είναι πλούσια και περιλαμβάνει χορούς, τραγούδια, μαγειρική, ήθη και έθιμα, θέατρο κ.ά. Ανάμεσα λοιπόν σε αυτά, ο Καραγκιόζης, ένας λαϊκός ήρωας του τουρκικού και ελληνικού θεάτρου σκιών είναι δημοφιλής και αγαπητός για τις ιστορίες του. Καραγκιόζης στην τουρκική γλώσσα σημαίνει Μαυρομάτης, αυτός δηλαδή που έχει μαύρα μάτια.

Ο πιο στενός φίλος του Καραγκιόζη είναι ο Χατζηαβάτης, με τον οποίο πρωταγωνιστεί σε όλες τις ιστορίες του. Στην Ελλάδα ο Καραγκιόζης, ως λαϊκός ήρωας, εκπροσωπεί το φτωχό, πονηρό Έλληνα, στο περιβάλλον της Τουρκοκρατίας. Είναι καμπούρης και περιστοιχίζεται από την οικογένειά του, το φίλο του Χατζηαβάτη, το θείο του Μπάρμπα-Γιώργο και άλλους χαρακτήρες. Ζει σε παράγκα (Η παράγκα του Καραγκιόζη), είναι ξυπόλητος και μένει απέναντι από το σεράι (το παλάτι) του Βεζίρη.

Βασικοί χαρακτήρες του Θεάτρου Σκιών

Χατζηαβάτης: φίλος του Καραγκιόζη που συνήθως τον φωνάζουν Χατζατζάρη.

Κολλητήρι, Κοπρίτης και Μυριγκόγκος: είναι τα τρία παιδιά του Καραγκιόζη.

Αγλαΐα: η γυναίκα του Καραγκιόζη, που όμως δεν εμφανίζεται ποτέ στη σκηνή.

Μπάρμπα Γιώργος: θείος του Καραγκιόζη, που κατοικεί στο χωριό. Φοράει φουστανέλα και τσαρούχια. Είναι τσιγκούνης και προληπτικός.

Μορφονιός: Έχει πελώριο κεφάλι και τεράστια μύτη. Στο τέλος κάθε πρότασης λέει πάντα «ουίτ».

Βεζίρης ή Πασάς: ο ανώτερος άρχοντας. Ντυμένος με φανταχτερή στολή, σοβαρός, αυστηρός άλλοτε παρουσιάζεται ως δίκαιος και άλλοτε ως σκληρός.

Ο Μέγας Αλέξανδρος και το Καταραμένο φίδι

ΚΑΡΑΓΚΙΟΖΗΣ: Αξιότιμοι κύριοι, κυρίες μου και παιδιά. Έχουμε παράσταση τον Αλέξανδρο το Μακεδόνα και το καταραμένο φίδι. Καθίστε, απόψε θα ξεποδαριαστούμε στο γλέντι. Θα φάμε, θα πιούμε και νηστικοί θα κοιμηθούμε. Ας πάω κι εγώ τώρα να ετοιμάσω την παράσταση.

(Ο Καραγκιόζης φεύγει. Ακούγεται το τραγούδι του Χατζηαβάτη και εμφανίζεται ο ίδιος).

ΧΑΤΖΗΑΒΑΤΗΣ: Ακούσατε, ακούσατε! Αγάδες, πασάδες, ντερβισάδες, Ρώσοι, Πρώσσοι, Μπόερες, Οθωμανοί... Άγγλοι, Γάλλοι, Πορτογάλοι, Σέρβοι, Ρουμάνοι, Πολουνοί!...

ΚΑΡΑΓΚΙΟΖΗΣ: (Μέσα από την καλύβα μ' ένα χασμουρητό). Ποιος ουρλιάζει όξω απ' την παράγκα μου και θα μου ξυπνήσει την οικογένεια, ο γρουσούζης!...

ΧΑΤΖΗΑΒΑΤΗΣ: Ακούσατε, ακούσατε...

ΚΑΡΑΓΚΙΟΖΗΣ: Να, που να δαγκώσεις τη γλώσσα σου, γρουσούζη!

ΧΑΤΖΗΑΒΑΤΗΣ: Κατά διαταγήν του πολυχρονεμένου μας πασά, όποιος σκοτώσει...

ΚΑΡΑΓΚΙΟΖΗΣ: Που να λυσσάξεις, τζαναμπέτη... Φέρε εδώ αυτόνε...

ΧΑΤΖΗΑΒΑΤΗΣ: Θα πάρει τη βεζυροπούλα για σύζυγο, εκατό λίρες μπαξίσι και μετά το θάνατο του πασά θα λαμβάνει και τον θρόνον. (Συγχρόνως πέφτει στο κεφάλι του ένα καταβρεχτήρι). Πω, πω... και δάγκωσα τη γλώσσα μου...

ΚΑΡΑΓΚΙΟΖΗΣ: (Βγαίνοντας έξω απ' την παράγκα). Τι έχεις, μωρέ γρουσούζη, και ουρλιάζεις απ' έξω απ' την καλύβα μου σαν καραβίσιος σκύλος;

ΧΑΤΖΗΑΒΑΤΗΣ: Φτου, φτου... Να, βρε παιδάκι μου, τελαλώ.

ΚΑΡΑΓΚΙΟΖΗΣ: Και τι είσαι κόκορας και λαλάς;

ΧΑΤΖΗΑΒΑΤΗΣ: Τελαλώ, είπα. Μήπως είσαι εύκολος να τελαλήσουμε μαζί; Θα πάρουμε τέσσερις λίρες. Δυο εσύ, δυο εγώ.

ΚΑΡΑΓΚΙΟΖΗΣ: Αν είναι για λίρες, τότε πάμε!...

ΧΑΤΖΗΑΒΑΤΗΣ: Άκου, λοιπόν, τι θα λες. Ό,τι λέω εγώ θα λες κι εσύ: "Ακούσατε, ακούσατε!..."

ΚΑΡΑΓΚΙΟΖΗΣ: Αυτά τ' ακούσαμε. Παρακάτω. (Ο Χατζηαβάτης επαναλαμβάνει τα προηγούμενα).

ΚΑΡΑΓΚΙΟΖΗΣ: Εεε... σιγά, μωρέ! Ένα τσουβάλι λόγια μια χαψιά τα 'κανες. Ένα ένα.

ΧΑΤΖΗΑΒΑΤΗΣ: Κατά διαταγήν του πασά...

ΚΑΡΑΓΚΙΟΖΗΣ: Η συνταγή του πατσά... είναι...

ΧΑΤΖΗΑΒΑΤΗΣ: Όποιος φονεύσει...

ΚΑΡΑΓΚΙΟΖΗΣ: Όποιος χωνέψει...

ΧΑΤΖΗΑΒΑΤΗΣ: Τον καταραμένο όφη...

ΚΑΡΑΓΚΙΟΖΗΣ: Το σκουριασμένο κόφτη...

ΧΑΤΖΗΑΒΑΤΗΣ: Θα παίρνει εκατό λίρες μπαξίσι...

ΚΑΡΑΓΚΙΟΖΗΣ: Θα τρώει ξύλο που θ' αξίζει...

ΧΑΤΖΗΑΒΑΤΗΣ: Τη βεζυροπούλα για σύζυγο...

ΚΑΡΑΓΚΙΟΖΗΣ: Θα παίρνει διαζύγιο...

ΧΑΤΖΗΑΒΑΤΗΣ: Και μετά το θάνατο του πασά θα λαμβάνει και τον θρόνον...

ΚΑΡΑΓΚΙΟΖΗΣ: Αφού φουσκώσει απ' τον πατσά, θα διαβάσει την εφημερίδα τον "ΧΡΟΝΟΝ".

ΧΑΤΖΗΑΒΑΤΗΣ: Λοιπόν, καλή δουλειά, Καραγκιόζη, και καλή αντάμωση.

(Ευγένιος Σπαθάρης, Ανθολόγιο Λογοτεχνικών Κειμένων Α-Β Δημοτικού)

Ερωτήσεις

1. Ποιο είναι το θέμα του έργου; Να το εξηγήσετε προφορικά με δικά σας λόγια.

2. Πιστεύετε πως στο τέλος ο Καραγκιόζης κατάλαβε τι διαλαλούσε ο Χατζηαβάτης;

Ρόλοι

Προσπαθήστε να παίξετε το παραπάνω απόσπασμα μέσα στην τάξη μοιράζοντας τους ρόλους του Καραγκιόζη και του Χατζηαβάτη.

Ο Καραγκιόζης φούρναρης

(Ευγένιος Σπαθάρης. Διασκευή αντλημένη από:
www.oneiromathtesstomastanli.blogspot.com)

Υπόθεση του έργου: Ο Καραγκιόζης μένει χωρίς δουλειά και σκαρφίζεται να γίνει φούρναρης και μάγειρας μαζί.

ΚΑΡΑΓΚΙΟΖΗΣ: Τι ήθελα να πω εγώ στον πασά ότι είμαι φούρναρης και να ετοιμάσω ψωμί για το σαράι; Για να πάρω μέρος στη γιορτή; Α, μωρέ Χατζατζάρη, πώς μ' έμπλεξες! Έχω να φάω ξύλο... Και δε φανήκανε ακόμα οι βοηθοί μου... Ας πάω στο σαράι.

ΧΑΤΖΗΑΒΑΤΗΣ: Έλα, βρε Καραγκιόζη, τι έγινες;

ΚΑΡΑΓΚΙΟΖΗΣ: Φύγε, μαλαγάνα Χατζατζάρη, να μη σε μαυρίσω στο ξύλο!

ΧΑΤΖΗΑΒΑΤΗΣ: Να, έρχεται ο πασάς! (πλησιάζει ο πασάς).

ΠΑΣΑΣ: Σελάμ αλέκουμ,!

ΧΑΤΖΗΑΒΑΤΗΣ: Αλέκο σαλάμ πασά μου.

ΚΑΡΑΓΚΙΟΖΗΣ: Σαλάμι και σαλάτα γίναν όλα, ος γκελντήν...

ΠΑΣΑΣ: Χος μπουλτούκ.

ΚΑΡΑΓΚΙΟΖΗΣ: Μπουλτόκ είσαι εσύ κι ο άλλος!

ΠΑΣΑΣ: Μαέστρο, ο κόσμος σάς περιμένει. Το γλέντι έχει αρχίσει και ψωμί δεν έχουμε.

ΚΑΡΑΓΚΙΟΖΗΣ: Μήπως ήρθαν οι βοηθοί μου;

ΠΑΣΑΣ: Όχι, αλλά οι επισκέπτες μου πεινάνε!

ΚΑΡΑΓΚΙΟΖΗΣ: Και τι θέλουνε να φάνε;.

ΠΑΣΑΣ: Α! Το τραπέζι έχει απ΄ όλα! Αλλά ψωμί δεν έχουμε!

ΚΑΡΑΓΚΙΟΖΗΣ: Ω! Αμάν! Το αλεύρι πού είναι; Το νερό; Η μαγιά;

ΠΑΣΑΣ: Ποια μαγκιά; Στον πασά μαγκιά δεν έχει!

ΚΑΡΑΓΚΙΟΖΗΣ: Ωχ πασά μου με μπερδεύεις!

ΠΑΣΑΣ: Κι εσύ όμως με παιδεύεις!

ΚΑΡΑΓΚΙΟΖΗΣ: Ψωμί δε γίνεται χωρίς μαγιά!

ΠΑΣΑΣ: Α, όχι! Εμείς στο τραπέζι έχουμε μπακλαβά!

ΚΑΡΑΓΚΙΟΖΗΣ: Έχετε πολύ χαλβά;

ΠΑΣΑΣ: Ταβάδες.

ΚΑΡΑΓΚΙΟΖΗΣ: Ε, πάμε τότε να φάμε καμιά δεκαριά! Κι άσε το ψωμί .

ΠΑΣΑΣ: Αν δεν φτιάξεις το ψωμί, δεν έχει φαΐ!

ΚΑΡΑΓΚΙΟΖΗΣ: Να, πασά μου! Ήρθαν οι βοηθοί!

ΠΑΣΑΣ: Ορίστε, λοιπόν, μπούγιουρουμ.

ΚΑΡΑΓΚΙΟΖΗΣ: Έλα, πάμε, Χατζατζάρη! Κολητήρι Μπούτζουρουμ.

ΠΑΣΑΣ: Περάστε στην κουζίνα!

ΧΑΤΖΗΑΒΑΤΗΣ: Καραγκιόζο θα είσαι ο φούρναρης.

ΚΑΡΑΓΚΙΟΖΗΣ: Πεινάω. Πω πω φαγιά που έχει εδώ μέσα!

ΠΑΣΑΣ: Αν δεν κάνεις ψωμί, γιοκ φαΐ!

ΜΟΡΦΟΝΙΟΣ: Πάω στο σαράι, που έχει γλέντι και ψωμί - ουίτ.

ΚΑΡΑΓΚΙΟΖΗΣ: Βρε, καλώς το Μορφονιό! Τι χαμπάρια;

ΜΟΡΦΟΝΙΟΣ: Σιγά, βρε βλάκα, αυτή είναι η μύτη μου! Για χέρι το πέρασες
- ουίτ;

ΚΑΡΑΓΚΙΟΖΗΣ: Μύτη είναι αυτό το βάσανο ή κοτζαμάν κλαρίνο;

ΜΟΡΦΟΝΙΟΣ: Προσκυνώ, πασά μου - ουίτ.

ΠΑΣΑΣ: Ποιος είναι ο κύριος;

ΚΑΡΑΓΚΙΟΖΗΣ: Είναι ο Μορφονιός. Δε βλέπεις; Με τη μύτη του σαν μίξερ
το ζυμάρι θα ετοιμάσει!

ΜΟΡΦΟΝΙΟΣ: Ο Μορφονιός με τ' όνομα, αλλιώς χρυσό καμάρι, όλες οι νιες
τρελαίνονται ποια να με πρωτοπάρει - ουίτ.

ΠΑΣΑΣ: Περάστε μέσα να ετοιμάσετε το χαμούρι!.

ΚΑΡΑΓΚΙΟΖΗΣ: Φέρτε αλεύρι, φέρτε νερό, φέρτε αλάτι, βάλτε τη μαγιά!

ΧΑΤΖΗΑΒΑΤΗΣ: Καραγκιόζο πρόσεχε λιγάκι! Όλα μην τα βάζεις όλα μαζί! Περίμενε!

ΚΑΡΑΓΚΙΟΖΗΣ: Όλα άσπρα είναι. Ποιο είναι το αλάτι, ποια η ζάχαρη! Τα μπέρδεψα!

ΧΑΤΖΗΑΒΑΤΗΣ: Ωρε Καραγκιόζο! Αυτό είναι το σαπούνι!

ΚΑΡΑΓΚΙΟΖΗΣ: Τι πειράζει! Ποιος θα το καταλάβει! Κάνε γρήγορα γιατί ο πασάς θα φωνάζει!

ΧΑΤΖΗΑΒΑΤΗΣ: Βάλτο στο φούρνο να ψηθεί και πάρε το κοτόπουλο στο ταψί!

ΜΟΡΦΟΝΙΟΣ: Άμα μας δει ο πασάς ξύλο που θα φάμε !!

ΚΑΡΑΓΚΙΟΖΗΣ: Εσύ βγες από το παράθυρο κι εγώ με το ταψί από την πίσω πόρτα!

ΜΟΡΦΟΝΙΟΣ: Ωχ! Τι έχει να γίνει! Ο πασάς σαν θα το καταλάβει!

ΠΑΣΑΣ: Ε ρε, το γκιαούρη Πάει το ταψί με το φαΐ! Πού είναι όμως το ψωμί!

ΜΟΡΦΟΝΙΟΣ: Ουίτ -πάω στη μαμά μου...
(Φωνές, ξύλο πολύ).

ΚΑΡΑΓΚΙΟΖΗΣ: Φάτε παιδάκια μου καλά! Ο μπαμπάκος έφερε φαΐ!

ΠΑΣΑΣ: Αρε Καραγκιόζη! Αν σε πιάσω θα σε κάνω μαύρο στο ξύλο! Ούτε ψωμί μου ετοίμασε και το φαΐ μας πήρες!

ΚΑΡΑΓΚΙΟΖΗΣ: Φάε Κολητήρι!

Άσκηση

Βρείτε τη σωστή απάντηση.

1. **Ο Καραγκιόζης**

α. είναι μάγειρας

β. είναι φούρναρης

γ. κάνει το μάγειρα και το φούρναρη

2. **Ο Πασάς λέει στον Καραγκιόζη**

α. πως δεν πειράζει αν δε φτιάξει ψωμί

β. πως αν δε φτιάξει ψωμί δε θα φάει

γ. πως θα τον κρεμάσει

3. **Ο Καραγκιόζης**

α. ρίχνει όλα τα υλικά μαζί για το ψωμί

β. ρίχνει πρώτα το αλεύρι

γ. ρίχνει πρώτα το νερό

4. Όλοι μαζί στο τέλος

α. τρώνε ξύλο

β. τρώνε το φαγητό που ήταν στο φούρνο

γ. παίρνουν το ταψί και φεύγουν

Εργασία

Προσπαθήστε να διαβάσετε το θεατρικό και να παίξετε τους ρόλους. Με τη βοήθεια του διαδικτύου και της/του δασκάλας/δασκάλου σας να ψάξετε βίντεο με παραστάσεις του Καραγκιόζη και να τις παρακολουθήσετε στην τάξη.

Φιγούρες για συναρμολόγηση

Από το Θέατρο Σκιών Σωκράτης Κοτσορές, www.karagkioziscom.gr

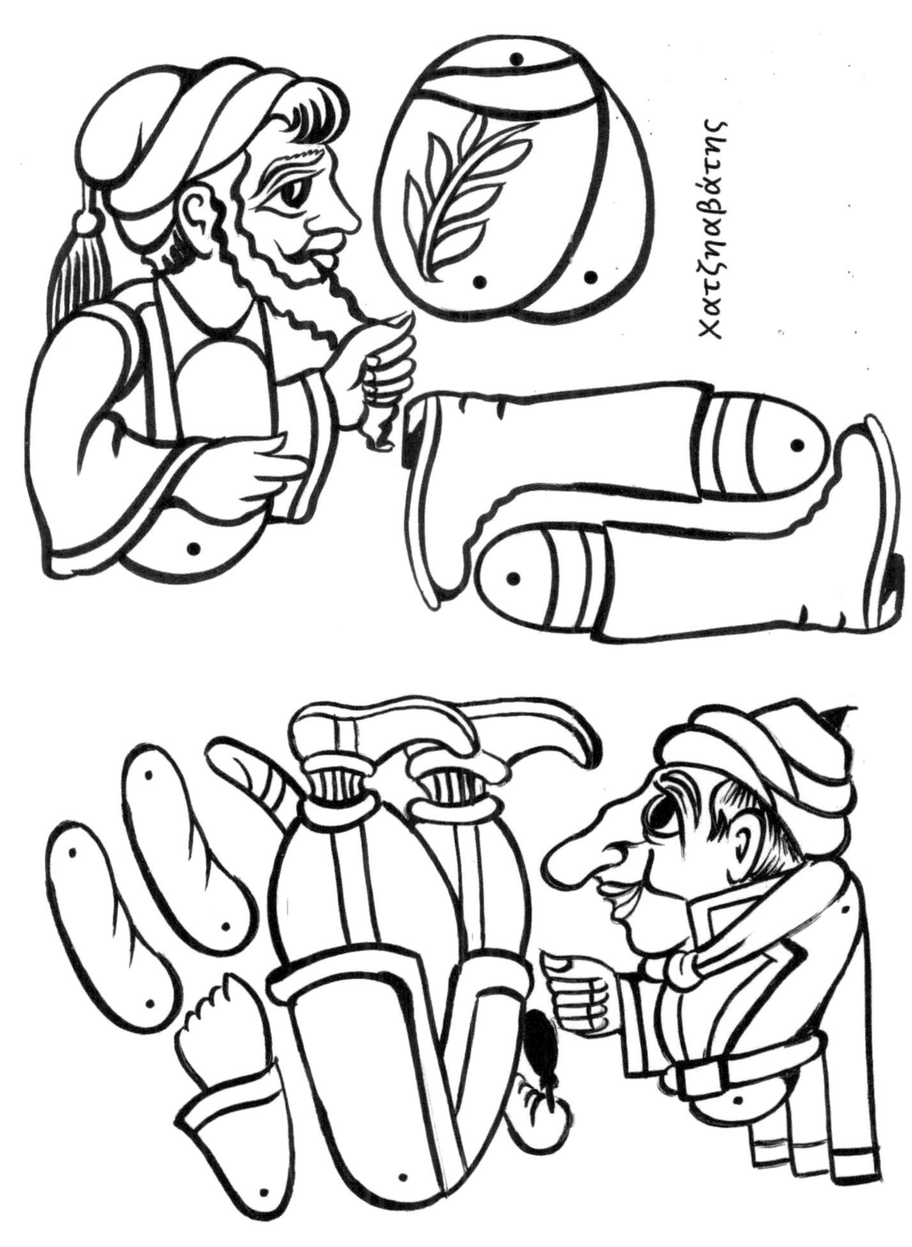

Χατζηαβάτης

Βιβλιογραφία

- Ανθολόγιο Λογοτεχνικών Κειμένων Ε΄ και ΣΤ΄ Δημοτικού. Οργανισμός Εκδόσεων Διδακτικών Βιβλίων. Αθήνα: Διόφαντος

- Ανθολόγιο Λογοτεχνικών Κειμένων Α΄ και Β΄ Δημοτικού. Οργανισμός Εκδόσεων Διδακτικών Βιβλίων. Αθήνα: Διόφαντος

- Γεωγραφία Ε΄ Δημοτικού. Μαθαίνω την Ελλάδα. Οργανισμός Εκδόσεων Διδακτικών Βιβλίων. Αθήνα: Διόφαντος

- Γραμματική Νέας Ελληνικής Γλώσσας Γυμνασίου. Οργανισμός Εκδόσεων Διδακτικών Βιβλίων. Αθήνα: Διόφαντος

- Ιστορία Δ΄ Δημοτικού. Οργανισμός Εκδόσεων Διδακτικών Βιβλίων. Αθήνα: Διόφαντος

- Αρχαία Ελληνικά (Μετάφραση). Ομηρικά Έπη – Οδύσσεια. Οργανισμός Εκδόσεων Διδακτικών Βιβλίων. Αθήνα: Διόφαντος

- Αρχαία Ελληνικά (Μετάφραση). Ομηρικά Έπη – Ιλιάδα. Οργανισμός Εκδόσεων Διδακτικών Βιβλίων. Αθήνα: Διόφαντος

- Συντακτικό της Νέας Ελληνικής Γλώσσας για το Γυμνάσιο. Οργανισμός Εκδόσεων Διδακτικών Βιβλίων. Αθήνα: Διόφαντος

Ηλεκτρονικές διευθύνσεις

http://www.greeklanguage.gr/greekLang/modern_greek/foreign/education/word2text/index.html.

http://www.greeklanguage.gr/pubs

www.emathima.gr

www.blogs.sch.gr

www.wikipedia.com

www.metaixmio.gr

www.pixabay.com